잔느 귀용의
친밀한 기도

A short method of prayer
by Madame Guyon (1648 - 1717)

Korean edition copyright © 2011 by Duranno Press,
95 Seobinggo-dong, Yongsan-gu, Seoul, Korea
All rights reserved.

본 저작물의 한국어판 저작권은 두란노서원에 있습니다.
신 저작권법에 의하여 한국 내에서 보호받는 저작물이므로 무단전재와 무단복제를 금합니다.

잔느 귀용의 친밀한 기도

지은이 | 잔느 귀용
옮긴이 | 김진선
초판 발행 | 2011년 5월 17일
14쇄 발행 | 2025. 6. 2.
등록번호 | 제3-203호
등록된 곳 | 서울특별시 용산구 서빙고동 95번지
발행처 | 사단법인 두란노서원
영업부 | 2078-3333   FAX 080-749-3705
출판부 | 2078-3477

▌ 책 값은 뒤표지에 있습니다.
　ISBN 978-89-531-1595-8　03230

▌ 독자의 의견을 기다립니다.
　tpress@duranno.com　http://www.Duranno.com

▌ 이 책의 본문은 개역개정을 사용했습니다.

▌ 일러두기 : 지혜서, 집회서는 공동번역에서 인용했습니다.

두란노서원은 바울 사도가 3차 전도여행 때 에베소에서 성령 받은 제자들을 따로 세워 하나님의 말씀으로 양육하던 장소입니다. 사도행전 19장 8-20절의 정신에 따라 첫째 목회자를 돕는 사역과 평신도를 훈련시키는 사역, 둘째 세계선교(TIM)와 문서선교(단행본·잡지) 사역, 셋째 예수문화 및 경배와 찬양 사역, 그리고 가정·상담 사역 등을 감당하고 있습니다. 1980년 12월 22일에 창립된 두란노서원은 주님 오실 때까지 이 사역들을 계속할 것입니다.

잔느 귀용의
친밀한 기도

잔느 귀용 지음
김진선 옮김

두란노

| 차례 |

저자 서문
누구나 쉽게 하나님을 만날 수 있다 6

1부 기도의 단계를 밟아라
01 누구든지 기도할 수 있다 14
02 1단계 : 묵상의 시간 20
03 2단계 : 단순한 기도 28
04 영적으로 메마를 때는 기다리라 32
05 모든 것을 하나님께 맡기라 35
06 고난과 그 열매를 받아들이라 39
07 신비한 체험은 하나님의 계시다 42
08 기도로 하나님의 덕을 소유하라 45

2부 기도로 하나님과 가까워지라

09 완전한 회심으로 하나님께 돌아가라　50
10 하나님의 임재를 묵상하라　54
11 하나님의 임재 안에서 안식을 누리라 : 내면적 침묵과 외면적 침묵　61
12 자신을 점검하고 죄를 고백하라　66
13 나의 노력을 모두 버리라　70
14 유혹이 오면 즉시 하나님에게로 돌아서라　74

3부 기도로 하나님과 연합하라

15 나를 비우고 하나님으로 채우라　80
16 하나님의 영과 연합하라　85
17 하나님께 마음을 드리라　101
18 어린 영혼들을 그리스도에게로 인도하라　109
19 자아를 버리고 하나님과 연합하라　117

| 저자 서문 |

누구나
쉽게 하나님을 만날 수 있다

　이것은 원래 대중에게 발표하려고 썼던 글이 아니다. 단지 전심으로 하나님을 사랑하고자 하는 몇 명의 그리스도인을 돕고자 준비한 글이었다. 그런데 이 글을 읽고 도움을 받은 사람들의 입소문 덕분에 사본을 원하는 이들이 수없이 많아졌고, 결국 출간해 달라는 요청을 받아들였다.

　원본과 달라진 내용은 거의 없으며 누가 어떤 평가를 하더라도 비판할 마음은 전혀 없다. 오히려 그분들의 의견을 겸허히 받아들인다. 경험과 학식이 깊은 분들이 내 글을 엄정하게 평가해 주기를 바란다. 다만 한 가지 부탁하고 싶은 것은, 피상적으로 평가하는 데 그치지 말고 저자의 의도가 무엇인지 진지하게 헤아려 달라는 것이다. 오직 사람들이 하나님을 사랑하도록 인도하고, 비록 특출한 일은 할 수 없지만 하나님께 헌신하기를 진정으로 바라는 연약한 형제자매들이 하나님을 섬기고 더 큰 기쁨을 맛보게 하려는 마음에서 시작한 글이기 때문이다.

이 글을 읽을 모든 이에게 선입견을 갖고 이 글을 대하지 말아 달라고 부탁하고 싶다. 편견 없이 이 글을 대하면 평범한 표현 속에 하나님의 기름 부으심이 감춰져 있음을 발견할 것이다. 그리고 그 기름 부으심은 모두를 행복한 삶으로 이끌 것이다.

완전함에 도달하는 게 결코 어렵지 않고 쉽다고 말하는 이유는, 하나님을 찾으면 쉽게 그분을 만날 수 있기 때문이다. "너희가 나를 찾아도 만나지 못할 터이요 나 있는 곳에 오지도 못하리라 하시니"(요 7:34)라는 구절을 인용해 반박할 사람이 있을지도 모르겠다. 하지만 이 구절은 전혀 걸림돌이 되지 않는다. 자신을 부정하실 수 없는 하나님이 "찾는 이는 찾아낼 것이요"(마 7:8)라고 말씀하셨기 때문이다.

하나님을 만날 수 없는 건 하나님을 찾아도 죄를 버릴

준비가 되어 있지 않아서다. 만날 수 없는 곳에서 그분을 찾고 있어서다. 주님이 "너희 죄 가운데서 죽으리라"는 말씀을 덧붙이신 이유도 여기에 있다. 그러나 죄를 버리고 간절히 하나님께 나아가고자 하는 자는 반드시 하나님을 만날 것이다.

신앙을 가진다는 건 매우 두려운 일이며, 기도는 특별한 사람들만 하는 것이라고 여기는 이들이 많다. 그들은 기도를 자신은 도달할 수 없는 경지라 생각하고 아예 노력조차 하지 않는다. 하지만 어떤 일이 어렵다고 생각하면 성공할 가능성을 아예 보지 못하고, 시작하고 싶은 마음 자체가 들지 않는다. 반대로 어떤 일이 매력적으로 보이면서 어렵지 않게 이룰 수 있다고 생각하면, 흔쾌히 그 일을 시작하고 담대히 추구하게 된다. 그래서 이 기도 방법의 장점과 수월함을 알려야겠다고 결단하게 되었다.

비천한 피조물을 향한 하나님의 선하심과 그들과 대화하기 원하시는 하나님의 간절한 마음을 확신한다면, 수많은 장애물을 떠올리면서 시도조차 해 보지 않고 그렇게 쉽사리 포기하지는 않을 것이다. 우리를 위해 자기 아들을 아끼지 않고 내주신 이가 무엇을 거절하시겠는가? 그분은 아무것도 거절하지 않으신다. 우리에게는 작은 용기와 포기하지 않는 자세만 있으면 된다. 세상의 사소한 이익을 얻으려고 할 때는 그렇게 열정적이고 끈질기면서, 영적으로 '한 가지 정말 필요한 것'에 대해서는 아무 노력도 하지 않아서야 되겠는가?

하나님을 쉽게 만날 수 있다는 것을 잘 못믿겠다는 사람들에게 부탁하고 싶은 게 있다. 내가 하는 말을 무조건 믿지 않더라도 그 내용을 시험해 보고 스스로 판단해 보라는 것이다. 스스로 체험하면 내 말과는 비교도 안 되는 엄청나고 놀라운 경험을 하게 될 것이다.

사랑하는 독자들이여, 이 작은 책자를 단순하고 진지하고 겸허한 마음으로 읽어 주기를 부탁한다. 비판하고 꼬투리 잡으려는 마음을 버리고 성실하게 읽으면 유익을 얻게 될 것이다. 내가 이 글을 쓸 때 품은 마음으로 독자들이 이 글을 대해 주면 좋겠다. 사람들이 조금도 주저하지 않고 하나님께 자신을 드릴 수 있도록 돕고 싶은 간절한 열망 하나로 시작한 글이기 때문이다.

하나님은 겸허한 마음으로 주님을 바라는 자녀들을 사랑하시지만 그들의 불신은 지극히 싫어하신다. 이 글이 순수한 하나님의 자녀로 아버지께 나아가게 인도하는 도구로 사용되었으면 하는 마음이 간절하다. 아무것도 구하지 말고 오직 하나님의 사랑을 구하라. 구원을 간절히 소망하라. 두서없지만 짧은 이 글에 소개된 방법대로 따라가면 반드시 그 모든 것을 얻을 것이다. 나의 열정이 다른 사람들보다 더 뜨겁고 간절한 것처럼 내보이고 싶은 마음은 없다. 다만 다른 지체들의 경험뿐 아니라 내 경험담을 소개하고, 하나님께 나아가는 이 간단하고 자연스러운 방법을 통해 얻은 유익을 소개하고 싶을 뿐이다.

이 책의 내용이 The Short and Easy Method of Prayer(『예수 그리스도를 깊이 체험하기』, 생명의말씀사)에 수록된 내용의 재탕이라고 생각된다면, 실제로 짧고 쉬운 기도 방법을 소개할 목적 하나로 쓰였기 때문에 그렇다고 말할 수 있다. 그 내용 말고 달리 다른 말할 게 없기도 했다. 이 글을 쓸 때 내가 느낀 마음으로 이 글을 읽는다면 지나치게 이해하기 어려운 내용은 없을 것이다. 직접 이 내용을 실천하고 경험하는 사람들은 내가 진실을 기록했음을 분명히 확인할 것이다.

단순하고 순수한 마음을 사랑하시며 아이들을 기뻐하시는 주님이여, 기꺼이 어린아이같이 되고자 하는 이들을 사랑하시는 거룩한 아기 예수시여! 당신께 부탁합니다. 이 작고 보잘것없는 글을 유익한 도구로 사용하셔서 사람들의 마음에 새기시고, 이 글을 읽은 사람들이 마음 깊은 곳에서 당신을 찾도록 인도해 주소서. 그래서 당신이 주시는 평안을 누리게 하시고 당신이 사랑하신다는 증거를 얻게 하소서. 그들이 당신의 것이라는 증거를 보여 주소서.

거룩하신 아기시며 스스로 계시는 사랑이시여! 침묵 중에 계시는 말씀이시여! 당신을 사랑하고 맛보며 그 음성을 듣도록 해 주실 이는 오직 당신입니다. 당신은 능히 이 일을 하실 수 있나이다. 감히 말씀드리건대 이 작은 책자를 사용해 이 일을 이뤄 주시는 것을 기뻐하나이다. 이 책자는 오직 당신을 위한 것이며 당신이 주신 것입니다.

A short method of prayer

1부
기도의 단계를 밟아라

01
누구든지 기도할 수 있다

우리는 모두 기도의 명령을 받았다. 기도는 구원의 위대한 수단으로서 아무리 우둔한 사람도 언제든지 기도할 수 있다.

기도는 하나님께 마음을 온전히 내드리는 일이며 사랑을 표현하는 내면적 활동이다. 사도 바울이 명령한 대로 우리는 "쉬지 말고 기도"해야 한다(살전 5:17). 우리 주님도 "주의하라 깨어 있으라… 깨어 있으라 내가 너희에게 하는 이 말은 모든 사람에게 하는 말이니라 하시니라"(막 13:33, 37)고 말씀하셨다.

그렇다면 누구나 기도할 수 있고 또한 기도는 모든 인간의 의무이기도 하다. 그러나 누구나 묵상 기도를 하기에 적합한 것은 아니다. 하나님은 모두에게 그런 기도를 요구하거나 바라시지 않는다. 자신에게 맞는 기도 방법을 선택하면 된다.

사랑하는 친구들이여, 현재 어떤 상태에 있든 구원받기를 갈망한다면 기도로 하나님께 나아오라.

"내가 너를 권하노니 내게서 불로 연단한 금을 사서 부요하게 하고"(계 3:18).

불로 연단한 금은 쉽게 얻을 수 있다. 우리가 생각하는 것보다 훨씬 더 쉽게 얻을 수 있다. 목마른 자는 모두 와서 값없이 이 생명수를 받기 바란다(계 22:17 참조). "그 물을 가두지 못할 터진 웅덩이"(렘 2:13)를 깎아 만드는 재미에 빠져서 시간을 허비하지 마라.

허기를 채울 양식을 얻지 못해 굶주린 영혼들이여, 와서 배불리 먹으라. 슬픔과 근심으로 짓눌리고 고통당하는 가엾은 영혼들이여, 주님께 와서 위로를 얻으라.

병든 이들이여, 위대한 의사이신 주님께로 나아오라. 약하고 병들었다고 해서 주님께 나아오기를 두려워하지 마라. 모든 질병을 그분에게 보여 드리면 고쳐 주실 것이다.

자녀들이여, 아버지에게로 나아오라. 그러면 사랑의 팔을 활짝 벌리고 받아 주실 것이다. 정처 없이 이리저리 방황하는 양 떼들이여, 목자 되신 분에게로 오라. 죄인들이여, 구세주에게로 나아오라.

무지하고 어리석은 자들이여, 스스로 힘으로는 기도할 수 없다고 믿는 자들이여, 바로 그런 당신이 기도하기에 가장 적합한 사람이다. 한 사람도 빠짐없이 모두 나오라. 예수 그리스도는 우리 모두를 손짓해 부르고 계신다.

하나님께 나아오기를 거부하는 자들은 기도할 마음이 없는 사람들이다. 이 초청은 그들을 위한 게 아니다. 먼저 마음이 있어야 사랑할 수 있다. 그러나 사실 마음이 전혀 없는 사람이 어디 있겠는가? 그러니 부디 와서 그 마음을 하나님께 맡기고 기도의 자리에서 자신을 드리는 법을 배우라.

기도하기를 간절히 바라면 누구든지 기도할 수 있다. 구하는 모든 자에게 값없이 약속으로 주신 성령의 은사와 일반적 은총을 얻은 사람이라면 누구나 기도할 수 있다.

기도는 완전함에 이르는 열쇠이며 주권적 통치의 기쁨을 누리는 비결이다. 모든 악덕을 버리고 선을 온전히 소유할 수 있는 효과적인 수단이다.

완전함에 이르는 길은 오직 하나님의 임재 안에 거하는 것이기 때문이다. 하나님이 직접 우리에게 "내 앞에서 행하여 완전하라"(창 17:1)고 말씀하신다. 그의 면전으로 나아가서 그 안에 지속적으로 거하는 방법은 오직 기도뿐이다.

기도할 때 가장 중요한 것은 기도의 태도다. 우리는 외부의 환경이나 활동에 방해받지 않고 지속적으로 기도 가운데 거할 수 있다.

왕이나 귀족이나 성직자나 관리나 군인이나 아이나 농부나 노동자나 여자나 병든 자나 모두 기도할 수 있다.

하나님을 우리 안에 온전히 모시고 그분만을 의지해 사는 일은 마치 호흡하는 것처럼 너무나 쉽고 자연스러운 것이다.

기도는 생각이 아니라 마음

으로 드리는 것이다.

기도는 생각으로만 드리는 것이 아니다. 인간의 생각은 매우 제한적이기 때문에 한 가지 생각에 몰두하면 다른 생각을 할 수 없다. 하지만 마음의 기도는 어떤 생각에 사로잡히더라도 방해받지 않는다.

무분별한 자기애를 제외하면 마음의 기도를 방해하는 건 아무것도 없다. 그리고 하나님의 사랑을 한 번 맛본 사람은 하나님 외에 그 어떤 것에서도 기쁨을 얻지 못한다.

하나님을 우리 안에 온전히 모시고 그분만을 의지해서 사는 일은 결코 어려운 일이 아니다. 우리보다는 하나님이 우리 안에 계시기를 더욱 진심으로 열망하고 계신다. 우리가 하나님을 소유하기를 원하는 것보다 더 간절하게 하나님은 우리에게 자신을 주기 원하신다.

우리가 알고자 원하는 건 그분을 찾는 방법뿐이다. 하지만 그 방법은 마치 호흡하는 것처럼 너무나 쉽고 자연스럽다.

자신은 종교적 체험을 할 수 없는 사람이라고 생각하더라도 자연스럽고 끊임없이 숨을 쉬듯이, 이미 하나님 안에서 기도로 살아가고 있는지도 모른다. 그렇다면 기도의 방법을 배우고 나서도 기도를 게을리 하는 사람은 변명의 여지가 없지 않겠는가?

02
1단계 : 묵상의 시간

하나님이 임재하신다는 믿음으로 정신을 집중하고, 마음이 흐트러지지 않도록 마음속 깊은 곳에 머물러야 한다.

고차원적 기도 형태로 들어가는 방법에는 두 가지가 있다. 하나는 묵상이고 나머지 하나는 묵상이 동반된 독서, 즉 묵상적 독서다.

묵상적 독서란 성경말씀 중에서 간단하면서도 실천할 수 있는 진리를 선택해서 읽는 것이다. 묵상적 독서를 할 때는 먼저 마음에 와 닿는 말씀을 한두 구절 읽는다. 이때 그 의미를 온전히 이해하기 위해 애써야 한다. 그 말씀에서 영혼의 충족을 얻지 못했다면 다음 구절로 넘어가서는 안 된다. 말씀 안의 진리를 온전히 소화했을 때에만 다음 구절로 넘어가라. 그리고 다음 구절을 선택해서 동일한 과정을 반복한다. 단, 한 번에 반 페이지 이상은 읽지 않는 게 좋다. 우리에게 중요한 건 독서의 분량이 아니라 태도이기 때문이다. 많은 구절을 읽으려고 욕심을 부리면 아무리 많이 읽어도 큰 유익이 없다. 마치 벌이 꽃 주위를 날아다니기만 해서는 꿀을 얻을 수 없고, 꽃에 앉아 벌침을 꽂고 빨아 먹어야 꿀을 얻을 수 있는 것처럼 한 구절이라도 깊이 묵상해야 한다.

한꺼번에 많이 읽는 방법은 영적인 일보다는 학문 연구에 더 적합하다. 그러나 신앙 서적에서 유익을 얻으려면 이와 다른 독서 방법을 선택해야 한다. 이런 독서 방법을 추구하면 독서를 통해 기도하는 습관을 훈련할 수 있고, 이를 통해 묵상적 독서를 하고 싶은 마음이 더욱 간절해질 것이다.

또 하나의 방법인 묵상은, 묵상적 독서 시간에 하는 것이 아니라 따로 시간을 내서 하는 것이다. 이것은 분명한 믿음을 가지고 하나님의 임재 앞에 나아간 뒤, 논리적 추론을 하기 위한 실제적인 묵상을 말한다. 이때 하나님의 임재가 가장 우선시되어야 하고, 이성적 토론이 아니라 마음을 집중하는 것에 관심과 노력을 쏟아야 한다.

하나님이 임재하신다는 믿음으로 정신을 집중하고, 마음이 흐트러지지 않도록 마음속 깊은 곳에 머물러야 한다. 이것이 산만한 생각을 없애고 어떤 외부의 공격에도 오직 하나님에게 더욱 가까이 나아갈 수 있는 효과적인 방법이다.

그분은 오직 우리 마음속 은밀한 곳, 우리 마음의 지성소(sancta-sanctorum)에서만 만날 수 있다. 주님이 거룩한 영으로 우리 안에 거주하시는 곳이 바로 그곳이다. 주님은 누구든지 그의 계명을 지키면 그 사람에게 가서 거처를 함께하겠다고 약속하셨다(요 14:23). 어거스틴은 처음부터 이런 방법으로 하나님을 찾지 않다가 세월만 허비한 자신을 얼마나 자책했는지 모른다.

자신 안에 완전히 깊이 빠진 후에는 내 안에 거하시는 하나님의 임재에 깊이 잠기게 된다. 모든 의식이 주변에서 주님이 계신 영의 중심으로 완전히 모아지는 것이다. 물론 처음에는 쉽지 않지만 훈련을 반복하면 아주 자연스럽게 이뤄지게 된다. 이렇게 영혼을 내면으로 온전히 집중하면 진리의 말씀을 이해하는 차원에서 벗어나 그 말씀으로 생명의 양식을 공급받으며, 달콤한 진리에 온전히 젖어들게 된다. 그리고 생각을 통해 이해하는 것이 아니라, 사랑으로 의지를 다해 그 안에 머무르고자 하는 마음이 생긴다.

그 뒤에는 그 사랑의 감정으로 조용하고 평온한 쉼 가운데 머무르면서 지금까지 맛본 것을 삼켜야 한다.

아무리 좋은 고기라도 삼키지 않고 씹기만 하면 영양분을 공급받지 못한다. 마찬가지로 사랑의 감정이 솟을 때 그 감정이 계속 타오르게만 한다면 그 불꽃은 결국 꺼지고 말 것이고, 영혼은 영의 자양분을 얻지 못할 것이다. 우리가 느끼고 맛본 은혜는 주님의 사랑 안에서 쉼을 누림으로 삼켜야 한다. 이 방법은 영적 교제에 절실하게 필요하며, 몇 년 동안 애써도 이루지 못한 영혼의 성장을 짧은 시간 안에 가능하게 해 준다.

이처럼 하나님의 임재를 느끼려면 무엇보다도 최우선

적으로 하나님께 집중해야 한다. 마음이 산만하고 하나님께 집중할 수 없을 때는 하나님의 임재를 향해 영혼을 집중하려는 노력을 가장 우선적으로 해야 한다. 이것은 산만해지려는 자신과 싸워 이기는 효과적인 방법이다.

마음이 흐트러질 때 스스로의 힘으로 그런 산만함과 싸우고자 하면 오히려 더 마음이 어수선해진다. 현존하시는 하나님에게 온전히 내 생각을 집중하고 그분에게 마음을 내드리면서 산만함과 간접적인 방법으로 싸우라. 그러면 산만함 자체와 직접적으로 싸우지 않고도 효과적으로 이길 수 있다.

이 부분에서 초보자들에게 당부하고 싶은 것은 한 진리에서 다른 진리로, 한 주제에서 다른 주제로 성급하게 관심을 옮기지 말고 충분한 맛을 느낄 때까지 한 진리에 오래 머물러 있으라는 것이다. 이것이 진리를 깊이 깨닫고 맛보며 각인시키는 방법이다.

처음에는 습관 때문에 그렇게 깊이 침잠하는 게 쉽지 않다. 외부적인 것에 사로잡히는 것은 우리의 자연스럽고 본능적인 습관이기 때문이다. 하지만 조금씩 익숙해지면 이것은 매우 쉬워진다. 스스로 습관이 될 정도로 훈련했기 때문이기도 하지만, 우리에게 자신을 계시하기 간절히 원하시는 하나님이 풍성한 은혜를 베푸셔서 그분의 임재를 실제적으로 느끼도록 해 주시기 때문이다.

이 방법을 '주기도문'에 적용해 보자. 우리는 하나님이 우리 안에 계시며 실제로 우리 아버지가 되어 주신다고 생각하고 그분을 "우리 아버지"라고 부른다. '아버지'라는 단어를 입으로 말한 후 잠시 침묵 가운데 하늘의 아버지가 그 뜻을 알려 주시기를 기다리라. 그러고 나서 영광의 왕이 우리 영 안에서 통치해 주시기를 구하며, 그분께 자신을 내드리고 우리를 통치하실 권리를 그분에게 양도하라.

이때 고요한 평화가 나를 지배하고 있다는 느낌이 들면 다음 구절로 넘어가지 않고 그 상태가 충분히 지속될 수 있도록 그대로 있어야 한다. 이 상태가 충분히 지속되었다는 판단이 들면 두 번째 간구인 "뜻이 하늘에서 이루어진 것같이 땅에서도 이루어지이다"라는 내용으로 넘어간다. 이때 하나님이 우리 안에서 우리를 통해 그분의 모든 뜻을 이뤄 주시도록 열망한다. 우리 마음과 우리 자유를 하나님께 맡기고 기쁘신 뜻대로 처리해 주시도록 내드린다. 그리고 그분 뜻에 온전히 붙잡히면, 당연히 주님을 사랑하게 됨을 깨닫고 그분을 사랑하기를 간절히 바라며, 주님의 사랑을 주시도록 하나님에게 구한다. 이 모든 과정은 고요한 평강 가운데서 이뤄지며 나머지 기도도 마찬가지다.

때로 우리는 목자가 필요한 양처럼 주님에게 참된 양식을 달라고 구한다.

거룩한 목자시여! 당신은 친히 당신의 양 떼를 먹이시는 분이며, 매일 그들의 양식이 되어 주시나이다.

또 우리는 가족에 대한 소망을 그분 앞에 가져가 아뢴다. 그러나 이 모든 기도는 우리 안에 하나님이 임재하고 계시다는 믿음이 있어야 한다.

하나님이 어떤 분이신지 우리 머리로는 알 수 없다. 오직 그분이 우리 안에 임재하신다

우리 마음과 우리 자유를 하나님께 맡기고 기쁘신 뜻대로 처리해 주시도록 내드린다.

는 온전한 믿음으로 충분하다. 우리 내면에 계신 예수님을 항상 구하면, 십자가에 못 박히신 모습이나 어린 시절의 모습이나 다른 어떤 모습들을 상상할 수 있다. 하지만 하나님에 대해서는 그 어떤 형상도 상상할 수 없다.

때로 병이 들 때 우리는 의사 되신 분으로 주님을 바라보며 그분께 나아가 병을 고쳐 주시기를 구한다. 이때 자신의 노력을 포기하고, 단순하고 잠잠한 침묵 가운데로 나아가라. 그러면 침묵과 기도하고자 하는 노력이 공존하다가 점점 침묵 상태가 늘어나고 입으로 드리는 기도는 줄어들 것이다. 그리고 결국 하나님의 역사하심에 완전히 자신을 맡기게 되고, 그분의 온전한 다스리심이 시작된다.

하나님이 임재하시고, 영혼이 침묵과 쉼을 맛보기 시작하면 하나님의 임재라는 이 생생한 의식이 우리를 기도의 두 번째 단계로 나아가도록 인도한다.

03
2단계 : 단순한 기도

하나님의 임재를 누리는 것은 즐거운 경험이다. 하나님을 누리고 그분의 뜻대로 행하기를 바라면서 기도로 나아가라.

두 번째 단계는 관상(Contemplation) 기도, 침묵과 안식의 기도 등 여러 이름으로 불려 왔는데 어떤 이들은 '단순한 기도'라고 부르기도 한다. 여기서는 후자의 표현을 사용하고자 한다. 더 진전된 단계인 관상 기도보다는 이 표현이 더 적합하기 때문이다.

앞에서 말했듯이 시간이 지나면 하나님의 임재를 의

식하는 게 쉬운 일임을 깨닫는다. 더 쉽게 영을 주님에게 집중하게 되고, 기도는 자연스럽고 즐거운 경험이 된다. 기도로 하나님에게 나아가는 기쁨을 알게 되고, 그 감미롭고 향기로운 냄새를 지각하게 된다. 이런 단계가 되면 이제 방법을 바꿔야 한다. 도무지 가능할 것 같지 않다고 두려워하지 말고, 내가 소개하는 내용을 주의 깊게 살펴보기를 바란다.

먼저, 믿음으로 하나님의 임재 앞에 나아갈 때 잠시 겸허한 마음으로 침묵하며 가만히 있으라. 이런 믿음의 행동으로 시작부터 하나님의 임재를 조금이라도 맛보면, 다른 생각으로 산만하게 하지 말고 그대로 머물러서 그 상태가 지속될 때까지 잠잠히 있으라.

그러다가 하나님의 임재하심에 대한 의식이 사라지면 주님께 감미로운 사랑의 고백을 드림으로써 마음의 불꽃을 다시 불러일으키라. 평화로운 마음 상태로 다시 돌아오는 것을 확인하면 그 안에 머무르라.

이때 부드럽게 그 불길을 불

무엇인가를 얻기 위해서가 아니라 그분을 기쁘시게 하고 그분의 뜻대로 순종하기 위해서 하나님에게 나아가야 한다.

러일으켜야 하고, 불길이 다시 타오르면 불길을 불러일으키려는 노력을 즉각 중지해야 한다. 그렇지 않으면 너무 세게 타 올라 그 불길을 꺼뜨리고 말 것이다.

또한 무엇인가를 얻기 위해서가 아니라 그분을 기쁘시게 하고 그분의 뜻대로 순종하기 위해서 하나님에게 나아가야 한다. 오직 자신이 받는 보상 때문에 주인을 섬기는 종은 보상받을 자격이 없다.

그러므로 하나님을 누리고 그분의 뜻대로 행하기를 바라면서 기도로 나아가라. 이렇게 하면 영적으로 메마를 때나 풍부할 때나 평정심을 유지할 수 있다. 하나님이 우리를 거절하시거나 무관심하고 냉담하게 대하시는 것 같을 때도 혼란스러워하거나 요동하지 않을 것이다.

A short method of prayer

자녀들이여, 아버지에게로 나아오라.
그러면 사랑의 팔을 활짝 벌리고 받아 주실 것이다.
정처 없이 이리저리 방황하는 양 떼들이여,
목자 되신 분에게로 오라. 죄인들이여, 구세주에게로 나아오라.
무지하고 어리석은 자들이여,
스스로 힘으로는 기도할 수 없다고 믿는 자들이여,
바로 그런 당신이 기도하기에 가장 적합한 사람이다.
한 사람도 빠짐없이 모두 나오라.
예수 그리스도는 우리 모두를 손짓해 부르고 계신다.

04
영적으로 메마를 때는 기다리라

겸허하게 자신을 버리는 마음으로 자족하며, 주님에게 완전히 맡기는 심정으로 그분을 기다리라.

하나님이 바라시는 유일한 한 가지는 그분을 간절히 찾고 사랑하는 영혼에게 자신을 주시는 것이다. 하지만 때로는 우리 영혼을 일깨우고, 사랑과 성실함으로 그분을 찾도록 하려고 자신을 숨기실 때도 있다. 그러나 자신을 사랑하는 자가 끝까지 신실할 때 얼마나 큰 축복으로 보상해 주시는지 모른다. 자신을 감추고 숨기신 것을 얼마나 따스한 사랑으로 감싸 안으시고 위로하시는지 모른다.

우리는 노력해서 하나님을 구하는 것이 하나님에 대한 변치 않는 사랑의 증거이며 그분을 더욱 깊이 사랑하는 증거라고 생각한다. 혹은 적어도 그렇게 찾으면 곧 우리를 만나 주실 것이라고 생각한다.

하지만 그 생각은 틀렸다. 영적으로 메마른 시기에는 이런 방법이 통하지 않는다. 깊은 겸손함과 낮춤 가운데 지극한 사랑으로, 그러나 평온한 마음으로 겸허히 침묵하면서 사랑하는 그분이 다시 돌아오기를 기다려야 한다. 그러면 내가 사랑하는 이는 오직 그분이며, 그분을 사랑함으로 얻는 기쁨이 아니라 오직 그분의 선하신 기쁨만을 구하고 있음을 확인할 것이다.

"힘들고 고통스러울 때 조급해하지 말라. 그분을 붙들고 떠나지 말라. 네가 마지막에 번창하리라"(집회서 2:2-3 참고).

깊은 겸손함과 낮춤 가운데 지극한 사랑으로 그러나 평온한 마음으로 겸허히 침묵하면서 사랑하는 그분이 다시 돌아오시기를 기다려야 한다.

하나님이 자신을 숨기시고 그분의 위로를 계속 지체하시더라도 끝까지 견디라. 일평생 아무것도 하지 않고 오직 인내하며 기다려야 한다 해도 기도하는 가운데 끝까지 견디며, 사랑하는 그분이 다시 돌아오시기를 기다리라. 겸허하게 자신을 버리는 마음으로 자족하며, 주님에게 완전히 맡기는 심정으로 그분을 기다리라.

이 얼마나 놀라운 기도의 자세인가! 강렬하게 다시 돌아오시고 싶도록 하나님의 마음을 움직이지 않겠는가?

05
모든 것을 하나님께 맡기라

자신을 포기하고 내드리는 것은, 나의 모든 염려를 던져 버리고 자신을 전적으로 주님의 인도하심에 맡기는 것이다.

매 순간 우리에게 일어나는 모든 일은 하나님의 뜻에 의해 일어난다. 그러므로 불필요한 일은 단 하나도 없다는 확신을 갖고 하나님에게 진정으로 자신을 맡겨야 한다. 이러한 확신이 우리 안에 있으면 모든 일에 자족하게 되고, 아무리 사소한 사건이라도 사람의 시각이 아니라 하나님의 시각으로 바라보게 된다.

하나님에게 자신을 맡기기 간절히 원하는 사람들에게 한 가지 간청하고 싶은 게 있다. 일단 주님에게 자신을 맡겨 드렸으면 다시 자신을 돌려받겠다고 생각하지 말고, 한 번 준 것은 더 이상 자기 마음대로 처분할 수 없음을 기억하라는 것이다. 자기 포기는 내적인 영적 생활로 들어가는 열쇠다. 철저히 자기를 포기한 사람은 곧 하나님 안에서 완전함에 이를 것이다.

이렇게 자신을 하나님에게 맡기고 나면 나의 생각이나 판단의 소리에 귀 기울이지 말고, 자기 포기의 상태를 굳건히 유지해야 한다. 위대한 믿음은 위대한 자기 포기를 낳는다. 전적으로 하나님을 신뢰하며 바랄 수 없는 중에 바라는 믿음(롬 4:18)을 가져야 한다. 자신을 포기하고 내드리는 것은, 나의 모든 염려를 던져 버리고 자신을 전적으로 주님의 인도하심에 맡기는 것이다.

성경은 모든 그리스도인에게 이러한 자기 포기를 권면하고 있다.

"너희 하늘 아버지께서 이 모든 것이 너희에게 있어야 할 줄을 아시느니라… 그러므로 내일 일을 위하여 염려하지 말라"(마 6:32, 34).

"너는 범사에 그를 인정하라 그리하면 네 길을 지도 하시리라"(잠 3:6).

"너의 행사를 여호와께 맡기라 그리하면 네가 경영하는 것이 이루어지리라"(잠 16:3).

"네 길을 여호와께 맡기라 그를 의지하면 그가 이루시고"(시 37:5).

자기 포기란 외적으로나 내적으로 자신을 하나님 손에 완전히 내드리고, 자신에 대해서는 깨끗하게 잊어버리며 오직 하나님만 생각하는 것이다. 이렇게 할 때 마음이 언제나 자유롭고 자족한 상태를 유지할 수 있다.

실제로 자기 포기는 하나님의 뜻 안에서 나의 뜻을 끊임없이 버리고, 아무리 선해 보여도 나의 모든 자연적인 성향을 포기하는 것이다. 그래야 오직 하나님이 선택하신 것만을 온전히 선택하게 된다. 세속적인 일이든, 영적인 일이든 나

자기 포기는 내적인 영적 생활로 들어가는 열쇠다. 철저히 자기를 포기한 사람은 곧 완전함에 이를 것이다.

의 육체와 영혼을 위한 일에 일체 무관심해지는 단계까지 가야 한다. 과거는 완전히 잊고 미래는 섭리하심에 맡긴 채 현재는 하나님에게 내드려야 한다. 현재의 순간에 만족하며, 이 순간이 나를 위한 하나님의 영원하신 뜻에 포함되어 있음을 깨달아야 한다. 나에게 일어나는 일은 그 어떤 것도 다른 사람의 탓으로 돌리지 말고, 모든 일을 주님이 허락하신 일로 바라봐야 한다. 단, 우리의 죄는 예외다.

내면 생활이든 외적인 생활이든, 오직 하나님의 인도하심을 받도록 자신을 맡기라.

06
고난과 그 열매를 받아들이라

위로를 얻는 유일한 길은 십자가를 사랑하고 완전히 자신을 포기하며 맡기는 데 있다.

하나님이 허락하시는 모든 고난을 자족함으로 받아들이라. 순전한 마음으로 주님을 사랑한다면 다볼 산뿐 아니라 갈보리까지도 기쁜 마음으로 따를 수 있다. 우리는 다볼 산에 있을 때도 그분을 사랑해야 하지만 갈보리에서도 한결같이 그분을 사랑해야 한다. 우리를 향한 사랑을 가장 간절하게 보여 주신 곳이 바로 그곳이기 때문이다.

자신을 주었다가 사랑이 아닌 고난이 찾아오면 다시 마음을 돌이키는 사람처럼 변덕스러워서는 안 된다. 그런 사람들은 사랑을 받으려고 자신을 주었다가 십자가에 못 박히게 되면 자신을 다시 거둬들인다. 혹은 하나님이 아닌 피조물을 통해 위로를 구하려고 한다.

그러나 위로를 얻는 유일한 길은 십자가를 사랑하고 완전히 자신을 포기하며 맡기는 데 있다. 십자가를 사랑하지 않는 사람은 하나님을 사랑하지 않는 사람이다(마 16:24 참조). 십자가를 사랑하지 않고서는 하나님을 사랑할 수 없다. 십자가를 사랑하는 법을 배우면 아무리 괴롭고 고통스러운 일을 당해도 감미로운 기쁨과 희락을 누릴 수 있다.

십자가를 사랑하는 법을 배우면 아무리 괴롭고 고통스러운 일을 당해도 감미로운 기쁨과 희락을 누릴 수 있다.

"주린 자에게는 쓴 것이라도 다니라"(잠 27:7).

하나님을 갈망하면 십자가를 기꺼이 받아들이고 갈망하

게 된다. 십자가는 우리에게 하나님을 주고 하나님은 우리에게 십자가를 주신다. 자기 포기와 십자가의 체험은 언제나 동시에 일어난다. 괴롭고 거부하고 싶은 일과 맞닥뜨리게 되면 즉시 그 문제를 가지고 하나님에게 나아가라. 그리고 자신을 그분에게 제물로 드리라. 그러면 십자가가 우리 어깨에 얹히더라도 별로 무겁지 않을 것이다. 그 십자가를 기꺼이 받아들이며 원하게 될 것이고, 그런 마음 때문에 그것이 그렇게 무겁게 느껴지지 않을 것이다.

어떤 사람들은 십자가를 져도 고통을 느끼지 않을 거라고 생각한다. 하지만 고난의 가장 큰 부분이 고통이다. 예수님은 고난의 고통을 있는 그대로 다 느끼고 기꺼이 받아들이셨다.

종종 연약한 상태에서 십자가를 지기도 하고 강건한 상태에서 십자가를 지기도 한다. 그러나 이 모든 것을 하나님의 뜻 안에서 감당해야 한다.

07
신비한 체험은 하나님의 계시다

하나님 안에서 안식을 누림으로써 오직 하나님과 하나가 될 때 놀라운 방법으로 모든 신비를 계시받고 가르침을 받는다.

자기 포기로 자신은 하나님의 신비를 계시받지는 못할 거라고 말하는 사람들이 있다. 하지만 오히려 반대다. 우리의 영혼은 실체적으로 하나님의 계시를 받는다. 우리가 자신을 포기하고 모든 것을 맡겨 드린 대상은 바로 예수 그리스도시기 때문이다. 우리의 영혼이 하나님께 나아가는 길은 예수고, 우리가 진리를 듣게 되는 분도 오직 예수 그리스도시다. 자신을 생명이라고 선포하시는 그분은 도장처럼 자신을 우리의 영혼에 찍어 주시고, 자신의 흔적을 나눠 주신다.

그리스도의 흔적을 가지는 것은 단순히 그 흔적을 묵상하는 것과는 비교할 수 없을 정도로 경이로운 일이다. 바울은 자신의 몸에 그리스도의 흔적을 지니고 있었다.

"내가 내 몸에 예수의 흔적을 지니고 있노라"(갈 6:17).

바울은 그 조건에 대해 깊이 묵상했다고 말하지 않는다.

이런 자기 포기의 상태에서 종종 그리스도는 놀라운 방법으로 자신의 흔적을 계시해 주신다. 우리는 그분이 주기를 기뻐하시는 모든 것들을 온전히 받아들여야 한다. 그분에게 더욱더 가까이 나아가 그분 앞에서 자신이 완전히 소멸되는 길을 선택하되, 그분이 주시는 모든 것을 기꺼이 받아들여야 한다.

흑암이든 광명이든, 편안한

우리의 영혼이 하나님께 나아가는 길은 예수고, 우리가 진리를 듣게 되는 분도 오직 예수 그리스도시다.

삶이든 메마르고 황무한 삶이든, 연약함이든 강건함이든, 단 것이든 쓴 것이든, 유혹이든 산만함이든, 슬픔이든 불확실함이든 하나님이 주시는 것이라면 무엇이든지 동일한 것으로 받아들여야 한다. 그리고 그것들 때문에 앞으로 나아가는 데 조금도 방해를 받아서는 안 된다.

하나님의 신비를 지속적으로 계시받는 사람들이 있다. 그런 사람들은 그 계시에 감사하며 신실하게 반응해야 한다. 그러나 하나님이 그 계시를 거둬 가는 게 옳다고 여기실 때는 그 거두어 감에 저항하지 말고 순순히 받아들여야 한다.

어떤 계시도 받지 못해서 고민하는 이들도 있다. 하지만 그럴 필요는 없다. 하나님에게 사랑으로 자신을 내드린다는 것은 무엇이든지 모두 맡기고 헌신한다는 뜻이기 때문이다. 하나님 안에서 안식을 누림으로써 오직 하나님과 하나가 될 때 우리는 놀라운 방법으로 모든 신비를 계시받고 가르침을 받는다. 하나님을 사랑하는 자는 하나님의 모든 것을 사랑한다.

08
기도로 하나님의 덕을 소유하라

하나님을 온전하게 사랑할 때 우리가 사랑하는 그분을 슬프게 할 어떤 일도 하고 싶지 않게 될 것이다.

마음으로 기도를 드리는 단계에서는 하나님으로 인해 모든 덕을 소유하게 된다. 이런 기도는 덕을 소유할 수 있는 간단하고 확실한 방법이다. 하나님은 모든 덕의 원천이시므로 하나님을 소유하면 모든 덕을 소유하게 되기 때문이다.

여기서 한 가지 더 지적하고자 하는 것은 자신의 내

면에서 나오지 않은 모든 덕은 가면에 지나지 않으며, 언제라도 쉽게 벗어던질 수 있는 옷처럼 닳아 없어지고 만다는 것이다. 그러나 예수 그리스도로 인해 얻은 덕은 본질적이고 참되며 영원하다.

"왕의 딸은 궁중에서 모든 영화를 누리니"(시 45:13).

그리스도로 덕을 소유한 사람들은 거기에 몰두하지 않더라도 누구보다 더 지속적으로 덕을 실천하게 된다. 그리스도를 향한 사랑으로 불타오르는 이들은 굶주린 영혼처럼 고난을 사모하게 된다. 오직 어떻게 하면 사랑하는 그분을 기쁘게 해 드릴까를 생각하느라 자신에 대해 무관심해지고, 그러다 보면 자신에 대해 생각하는 시간이 자연스럽게 줄어들게 된다. 또한 하나님을 사랑할수록 자신을 더욱 미워하게 된다.

모두가 이 기도 방법을 배울 수만 있다면, 학식과 교육 수준이 높은 사람뿐 아니라 배우지

그리스도로 덕을 소유한 사람들은 덕에 대한 생각에 몰두하지 않더라도 누구보다 더 지속적으로 덕을 실천하게 된다.

못한 사람도 쉽게 익힐 수 있는 이 간단하고 쉬운 방법을 터득한다면 하나님의 온 교회가 얼마나 쉽게 개혁될 것인가!

어거스틴은 "사랑하라. 그리고 원하는 대로 하라"고 말했다. 온전하게 사랑할 때 우리가 사랑하는 그분을 슬프게 할 어떤 일도 하고 싶지 않을 것이기 때문이다.

A short method of prayer

2부
기도로 하나님과 가까워지라

09
완전한 회심으로 하나님께 돌아가라

완전한 회심은 하나님께 우리 마음을 인도하며, 영혼의 중심이 하나님께 돌아서게 한다.

"이스라엘 자손들아 너희는 심히 거역하던 자에게로 돌아오라"(사 31:6).

회심은 다른 것이 아니라 자연인에서 돌이켜 하나님에게로 향하는 것이다. 회심은 구원에 필수적이기는 하지만, 이것이 단지 죄에서 은혜로 돌이키는 수준이라면 완전하다고 할 수 없다. 완전한 회심이 되기 위해서는 외면에서 내면으로 중심이 완전히 바뀌어야 한다.

하나님을 향해 돌아선 영혼은 그분을 향해 계속 나아가는 상태를 효과적으로 유지할 수 있다. 하나님을 향하는 시간이 길수록 하나님에게 더 가까이 나아가게 된다. 하나님에게 더 가까이 나아갈수록 하나님을 대적하는 자연인에서 더욱 멀어지게 된다. 자연인은 아무리 노력해도 이 일을 이뤄 낼 수 없다. 할 수 있는 것은 오직 하나님을 향해 돌아선 상태 그대로 계속 머물러 있는 것뿐이다.

하나님은 자석처럼 끌어당기는 속성을 갖고 계신다. 하나님을 향한 영혼, 깊은 내면에 머무르는 영혼을 자신에게로 더욱 강렬하게 끌어당기신다. 그리고 그렇게 끌어당긴 영혼을 순결하게 정화시키신다.

태양이 축축한 수증기를 위로 끌어올려 증발시키는 과정을 보라. 수증기는 몸을 맡긴 채 어떤 노력도 하지 않지만 점차 태양을 향해 나아가고, 태양은 자신을 향해 올라오는 수증기의 불순물을 제거하고 정화시킨다.

그러나 우리의 영혼과 수증기 사이에는 차이점이 있

다. 수증기와 달리 영혼은 자기 의지를 가지고 자발적으로 하나님을 향해 나아간다.

내면을 향해 돌아서는 방법은 매우 간단하고, 아무 노력을 하지 않아도 영혼은 자연스럽게 하나님께로 나아간다. 이 모든 것이 가능한 건 하나님이 그 중심에 계시기 때문이다. 그 중심은 언제나 강력한 자성을 띠고 있으며, 중심이 넓어질수록 끌어당기는 자성도 더욱 강력해진다.

중심의 끌어당기는 힘 외에도 모든 자연 물체에는 중심과 결합하고자 하는 강한 경향이 있다. 어떤 물건을 아래로 향하도록 손에서 놓는 즉시, 강력한 힘으로 저지시키지 않는 이상, 그 물건은 무서운 속도로 중심인 아래로 돌진한다. 공중의 돌은 손에서 놓는 즉시 그 무게를 싣고 땅으로 떨어진다. 불과 물도 마찬가지다. 제어하는 힘이 풀리는 즉시 거침없이 그 중심으로 돌진한다.

영혼이 내적으로 깊이 잠겨 중심을 향해 돌아서면 그 밖에 다른 노력은 필요하지 않다. 오

하나님을 향하는 시간이 길수록 하나님에게 더 가까이 나아가게 되고 더욱 밀착하게 된다.

직 사랑의 무게에 실려 중심을 향해 거침없이 나아가면 된다. 자신의 노력을 중지하고 고요하고 평온한 가운데 깊이 머무를수록 더 거침없이 하나님에게로 나아간다. 우리의 영혼을 끌어당기는 하나님의 속성에 온전히 자신을 맡기기 때문이다.

그렇다면 우리가 관심을 가져야 할 것은 내면에 집중하는 일이다. 이 과정에서 만날 수도 있는 어려움에 놀라거나 두려워할 필요는 없다. 곧 하나님의 놀라운 공동 작업의 지점에 들어가서 이 일이 너무나 쉽게 이뤄지기 때문이다.

욕망이 일어날 때 우리 안에 임재하고 계신 하나님을 바라보면 그 욕망은 힘을 잃고 곧 사그라진다. 그러나 하나님을 바라보지 않고 그 욕망과 직접 싸우고자 하면 오히려 그 욕망은 사그라지지 않고 더욱 기승을 부릴 것이다.

10
하나님의 임재를 묵상하라

고차원적인 기도는 하나님의 임재를 단순히 받아들이고 더 깊이 묵상하는 것이다.

하나님을 사랑하는 가운데 충실하게 기도의 단계를 밟아 온 영혼은 하나님이 자신의 전 존재를 온전히 소유하고 계신다는 사실을 발견하고 놀라움을 금치 못할 것이다.

하나님의 임재에 너무나 자연스럽게 잠기기 때문에 그 임재하심을 누리지 못한다는 게 무엇인지 잊을 정도로 그 상태가 영혼에 습관처럼 일상화되어 있다.

또 놀라운 평강에 자신의 영혼이 감싸여 있음을 알게 된다. 그리고 온전히 침묵 가운데 기도한다. 하나님은 깊고 내적인 사랑을 그 영혼에 부어 주시므로 형언할 수 없는 축복이 시작된다.

이후로 이어질 무한하고 놀라운 체험을 어떻게 말로 표현할 수 있을까? 그러나 이 글은 기도를 처음 배우는 사람들을 위해 썼기 때문에 그 경이로움들은 설명하지 않겠다.

앞으로 펼쳐질 더욱 깊은 세계를 하나님이 가르쳐 주실 때까지 기다릴 수밖에 없다. 오직 하나님만이 역사하시도록 모든 자연적인 노력과 행위를 그치는 게 가장 중요하다는 사실만 말하고 넘어가고자 한다. "너희는 가만히 있어 내가 하나님 됨을 알지어다"(시 46:10)라고 고백한 다윗의 말에 귀 기울여 보라.

그러나 스스로의 노력에 대한 애착이 너무 강한 사람은 직접 느끼고 확인하지 않으면 하나님이 일하고 계신다는 사실을 믿으려고 하지 않는다. 자신이 영적으로 얼마나 진보하고 있는지 알 수 없는 건 때로 그 진보의 속도가 너무 빨라서임을 깨닫지 못한다. 그들은 하나님의 역사가 점점 늘어나면서 피조물의 노력이 완전히 흡수되고 있음을 알지 못한다. 이것은 마치 태양이 점점 떠오를수록 별빛이 태양의 밝음에 흡수되어 버리는 것과 같은 이치다. 태양이 떠오르기 전에 별은 밝게 빛나고 있었다. 우리가 한낮에 별을 볼 수 없는 건 빛이 모자라서가 아니라 태양이 더욱 환하기 때문이다.

영적인 문제도 마찬가지다. 성령의 강력한 빛이 인간의 희미한 빛을 모두 흡수해 버리면 인간은 더 이상 자기 자신의 노력을 구분할 수 없게 된다. 하나님의 강렬한 빛이 인간의 모든 빛을 능가하기 때문에 인간의 노력은 완전히 희미해진다.

그러므로 이 기도의 단계를 아무것도 하지 않고 빈둥거리며 노는 상태라고 비난하는 사람은 심각한 기만에 빠진 셈이다. 그들은 단지 경험 부족에서 이런 말을 하는 것이다.

이것이 사실인지 실제로 확

성령의 강력한 빛이 인간의 희미한 빛을 모두 흡수해 버리면 인간은 더 이상 자기 자신의 노력을 구분할 수 없게 된다.

인하려고 하는 노력만 있다면, 얼마 지나지 않아 이 기도의 단계를 실제적으로 경험하고 익숙해질 수 있으련만….

인간의 노력으로 실패하는 것은 부족함 때문이 아니라 풍성함 때문이라고 할 수 있다.

사람들이 침묵하며 잠잠할 때는 두 가지 경우가 있다. 하나는 할 말이 없어서이고 다른 하나는 할 말이 너무나 많아서다. 주님과의 깊은 만남을 누리는 단계도 마찬가지다. 할 말이 없어서가 아니라 너무 많아서 침묵하게 된다.

물로 인해 죽음에 이르는 경우는 완전히 상반된 두 가지 원인에 기인한다. 하나는 목이 말라 죽는 경우고 다른 하나는 익사해서 죽는 경우다. 전자는 물이 부족해서 죽지만 후자는 물이 너무 많아서 죽는다. 이 단계에서 자연적인 인간의 노력이 모두 그치는 것은 풍부함에 원인이 있다. 그러므로 이 단계에서는 가능한 한 고요함 가운데 침묵하는 게 중요하다.

이 단계의 기도를 시작할 때는 주님을 향한 사랑이 반드시 있어야 한다. 그러나 영혼으로 은혜가 흘러 들어오기 시작하면 잠잠히 안식하는 것 외에는 아무것도 하지 말고 하나님이 주시는 대로 모두 받아들여야 한다. 다른 노력이나 시도를 하면 이 은혜를 통해 유익을 누리지 못할 것이다. 하나님은 우리를 사랑의 안식으로 인도하기 위해 은혜를 주시기 때문이다.

평화롭고 고요한 기도의 상태에 이른 영혼은 신비한 잠에 빠지게 된다. 모든 인간적인 능력이 침묵하고, 지속적으로 이 상태를 경험하는 경지에 이르게 된다. 그러면 그 영혼은 아무런 노력도, 기술도 없이 이런 상태로 이끌림을 받는다.

마음은 요새화된 성처럼 집중 포격이나 무력으로 차지할 수 있는 곳이 아니다. 그곳은 사랑으로 소유할 수 있는 평강의 왕국이다.

성령의 인도하심을 온유한 마음으로 따라가면 곧 내적 기도의 단계에 이르게 된다. 하나님은 특별하고 어려운 일을 요구하시지 않는다. 오히려 어린아이 같은 단순함을 가장 기뻐하신다.

신앙의 가장 위대한 부분은 가장 단순하다. 자연계 역시 마찬가지다. 바다로 나가고 싶은가? 강으로 가서 배를 타면 노력하지 않아도 바다에 이를 것이다. 하나님에게로 나아가고 싶은가? 그분의 길을 따라가라. 그러면 너무나 고요하고 평안한 가운데 놀라운 방법으로 그분에게 이를 것이다.

한번 시도해 보라. 내가 소개한 것은 빙산의 일각일 뿐이며, 당신이 하게 될 경험은 말로 형언할 수 있는 모든 수준을 능가하는 것임을 곧 깨달을 것이다. 무엇을 두려워하는가? 왜 당장 사랑이신 그분의 품에 안기지 않는가? 그분이 십자가에서 두 팔을 벌리고 계신 것은 오직 우리를 안아 주시기 위한 것임을 왜 모르는가? 하나님을 신뢰하고 자신을 그분께 맡기는 일에 어떤 위험이 따를 수 있겠는가?

오, 주님은 우리를 속이지 않으실 것이다. 기대했던 것과는 비교할 수 없을 정도로 풍성하게 베풀어 주실 것이다.

그러나 자신의 노력으로 이 모든 것을 얻고자 하는 사람들은 하나님이 이사야의 입을 빌려 하신 책망을 자초하게 될 것이다.

"네가 길이 멀어서 피곤할지라도 헛되다 말하지 아니함은"(네가 너의 모든 방법에 지치고 힘들지라도 소망이 없다고 말하려고 하지 않으며 – 사 57:10).

11
하나님의 임재 안에서 안식을 누리라 :
내면적 침묵과 외면적 침묵

내적인 고요함을 가꾸기 위해서는 외적으로 고요한 환경이 매우 중요하다. 침묵과 고독을 사랑하지 않고서는 내적인 고요함을 얻을 수 없다.

이 자리까지 나아온 영혼은 안식하는 것 외에는 다른 준비가 필요하지 않다. 기도의 놀라운 결과로서 하루 종일 하나님의 임재를 경험하고, 기도 자체가 삶에 자리 잡고 지속되는 상태이기 때문이다. 이 상태의 영혼은 깊고 내밀한 행복을 느끼며 하나님이 자기 자신보다 더 친밀하게 자기 안에 거하시는 것을 인식한다. 하나님을 만나기 위해 할 일은 오직 하나밖에 없다. 바로 자신 안으로 침잠하는 것이다. 그러면 눈을 감는 즉시 자신이 기도하고 있음을 보게 된다.

이렇게 무한하게 행복한 상태에서 놀라운 일을 경험한다. 외부의 것에 전혀 방해받지 않는 깊은 대화가 내면에서 이뤄지는 것이다. 이런 기도 방법에 대해 말한 구절이 있다.

"모든 좋은 것이 그(기도) 안에 있다"(지혜서 7:2).

이런 기도가 삶의 일부가 된 사람들은 경건이 그 영혼 안으로 자연스럽게 흘러들고, 그것이 너무나 수월하게 드러나서 마치 천성이 그런 것처럼 보인다. 그 안에 생명과 결실의 근원이 있어서 모든 선한 열매를 맺으며, 악에 대해서는 전혀 무관심하며 멀리하게 된다. 그러면 영혼은 그 상태 그대로 신실하게 머무르면서 단순하고 고요한 안식 외에는 아무것도 추구하지 말아야 한다. 이 거룩한 임재하심으로, 차고 넘칠 때까지 가만히 있어야 한다.

"오직 여호와는 그 성전에 계시니 온 땅은 그 앞에서 잠잠할지니라 하시니라"(합 2:20).

내적 침묵이 그토록 필요한 이유는 그리스도가 영원하며 본질적인 말씀이기 때문이다. 그분을 우리의 영혼 안에 받아들이기 위해서는 우리의 본성이 그분의 속성에 화답할 수 있어야 한다. 우리가 말씀을 받기 위해서 그분의 말씀을 들어야 하는 건 두말할 필요가 없다.

하나님은 우리에게 당신의 말씀을 받을 수 있게 하려고 듣는 능력을 주셨다. 듣는 행위는 능동적이기보다는 수동적인 행위이며, 전달하는 것이 아니라 전달받는 것이다. 그리스도는 전달되어야 할 말씀이시므로 우리 영혼은 우리 안에서 말씀하시는 그분의 말씀에 온전히 귀 기울여야 한다.

우리가 하나님을 청종하며 그분의 음성에 귀 기울이라는 당부를 자주 듣는 이유가 여기에 있다. 이와 관련한 많은 구절이 있겠지만 여기서는 몇 가

그리스도는 전달되어야 할 말씀이시므로 우리 영혼은 우리 안에서 말씀하시는 그분의 말씀에 귀 기울여야 한다.

지 말씀만 인용하고자 한다.

"내 백성이여 내게 주의하라 내 나라여 내게 귀를 기울이라"(사 51:4).
"야곱의 집이여 이스라엘 집에 남은 모든 자여 내게 들을지어다 배에서 태어남으로부터 내게 안겼고 태에서 남으로부터 내게 업힌 너희여"(사 46:3).
"딸이여 듣고 보고 귀를 기울일지어다 네 백성과 네 아버지의 집을 잊어버릴지어다 그리하면 왕이 네 아름다움을 사모하실지라"(시 45:10~11).

자신의 모든 사사로운 관심을 잊어버리고 하나님께 귀 기울이며 그분의 음성을 들어야 한다. 이 두 가지 행동(사사로운 관심을 잊고 귀 기울여 듣기) 혹은 열정은 우리 안에 하나님이 직접 전해 주신 '아름다움'을 향한 '사모함'을 불러일으킨다.

또한 내적인 고요함을 가꾸기 위해서는 외적으로 고요한 환경이 매우 중요하다. 침묵과 고독을 사랑하지 않고서는 내적인 고요함을 얻을 수 없다. 하나님은 호세아의 입을 통해 "내가 그를 타일러 거친 들로 데리고 가서 말로 위로하고"(호 2:14)라고 가르쳐 주신다. 외적으로 잡다한 일들에 몰두하면 아무리 내적으로 하나님께 붙잡혀 있기 원해도 이는 불가능하다.

하루 종일 주님의 기름 부으심과 기도의 영이 우리와 함께하지 않는다면 30분이든 한 시간이든 내적으로 주님을 향하고 기도하는 문제를 별로 중시하지 않게 될 것이다.

12
자신을 점검하고 죄를 고백하라

하나님의 불꽃같은 눈에 자신을 계속 맡기면 신령한 광선으로 먼지보다 작은 죄까지도 모두 보게 된다.

자기 점검은 항상 죄를 고백하는 것에 선행되어야 한다. 이 단계에 도달한 사람들은 하나님에게 자신을 드러내야 한다. 그러면 하나님이 그들을 철저히 조명해 주시며 그들이 지니고 있는 죄의 본질을 알려 주실 것이다. 이런 점검은 자신이 스스로를 살펴 죄를 깨닫는 것이 아니라, 하나님이 나의 죄를 깨닫게 하시도록 기대하면서 평화롭고 고요한 가운데 이뤄져야 한다.

스스로의 노력으로 자신을 살피면 실수하기 십상이다. 그들은 "악을 선하다 하고 선을 악하다"고 하며 자아에 쉽게 기만당한다. 그러나 하나님의 불꽃같은 눈에 자신을 맡기면 그분의 신령한 광선으로 먼지보다 작은 죄까지도 모두 보게 된다. 그러므로 스스로를 똑바로 살피기 위해서는 자신을 하나님에게 온전히 맡겨야 한다.

이 단계에 도달하면 하나님은 그가 어떤 잘못을 저지르든지 영혼에게 즉각적으로 잘못을 알려 주신다. 그렇기 때문에 죄를 짓는 즉시 격심한 책망의 음성을 감지하게 된다. 하나님이 직접 어떤 죄도 피해 갈 수 없도록 샅샅이 꿰뚫어 보고 책망하시기 때문에 우리는 오직 그분을 향해 돌이키며, 그분이 주시는 고통과 교정의 과정을 참고 견뎌야 한다.

하나님의 점검 작업은 지속적이기 때문에 우리는 더 이상 스스로를 살피고 점검할 필요가 없다. 하나님에게 자신을 내드리는 일을 성실하게 계속한다면, 곧 거룩한 빛으로 인해 지금까지 했던 어떤 노력보다 더 효과적으로 자신의 상태를 점검받을 수 있다.

이런 과정 중 종종 영혼은 놀라운 경험을 하게 된다. 죄를 자각하고 하나님에게 나아가 그 죄를 고백할 때 이전처럼 후회와 자책하는 마음을 느끼지 않고, 감미로우면서 부드러운 사랑에 영혼이 온전히 휩싸이는 경험을 하는 것이다. 이런 경험을 한 번도 못해 본 사람은 죄를 고백하는 괴로운 심정으로 나와 하나님 앞에서 통회하며 슬퍼해야 한다고 여긴다. 그러나 이런 태도는 오히려 진정한 회개를 놓치게 만든다.

지고하고 진정한 회개란, 자기 스스로 이룰 수 있는 어떤 것과도 비교할 수 없을 만큼 위대한 내재적 사랑이 주도하는 행위다. 그것은 너 고차원적인 행위이며, 우리가 개별적으로 주님께 고백할 때보다 더 완전한 회개에 이르게 한다. 하나님이 우리 안에서 우리를 위해 회개를 주도하고 계시다면 우리는 자신을 깨끗하게 하기 위해 노력할 필요가 없다.

우리 영혼은 하나님이 죄를 미워하시듯이 죄를 미워하고 있다. 우리의 영혼 안에 하나님

하나님에게 자신을 내드리는 '일을 성실하게 계속한다면, 곧 거룩한 빛으로 인해 지금까지 했던 어떤 노력보다 더 효과적으로 자신의 상태를 점검받을 수 있다.

이 역사하심으로 임하는 사랑은 모든 사랑 중에 가장 순결하다. 그러므로 우리가 할 일은 오직 지금처럼 하나님이 주신 자리에 머물러 있는 것뿐이다.

  놀라운 경험이 한 가지 더 있다. 우리는 종종 자신의 죄를 잊어버리고 그 죄를 기억하기가 쉽지 않음을 경험한다. 하지만 이런 일을 겪더라도 괴로워할 필요는 없다. 첫 번째 이유는 자신의 죄를 기억할 수 없다는 것 자체가 그 죄를 씻음받고 대속받았다는 증거이기 때문이다. 오직 하나님만을 기억할 수 있도록 자신에 대한 근심을 모두 잊어버리는 게 더 유익하다. 두 번째 이유는 죄 고백이 필요할 때면 하나님이 그 영혼의 죄를 깨닫게 하실 뿐 아니라 그 죄를 살피는 일도 직접 해 주시기 때문이다.

13
나의 노력을 모두 버리라

우리 눈에 아무리 좋아 보이더라도 우리를 위한 하나님의 뜻에 방해 되다면 결코 선한 것이라 할 수 없다.

이 단계에서 성경을 읽는 올바른 태도는 묵상하고 싶은 마음이 생기는 즉시 읽기를 중단하고, 침묵하며 쉬는 것이다. 영혼이 내적인 고요함으로 부르심을 받는다고 생각되는 즉시 소리 내어 기도하는 것을 중단해야 한다. 침묵으로 인도함을 받는다고 느껴지면 성령의 인도하심에 스스로를 맡긴 채 잠잠해야 하며, 기도하고자 하는 어떤 노력도 해서는 안 된다.

이전처럼 하나님에게 구체적인 간구의 기도를 드릴 수 없는 자신을 보게 될 것이다. 이런 모습을 보더라도 놀랄 필요는 없다. 이제는 "성령이 하나님의 뜻대로 성도를 위하여 간구하시기" 때문이다.

"이와 같이 성령도 우리의 연약함을 도우시나니 우리는 마땅히 기도할 바를 알지 못하나 오직 성령이 말할 수 없는 탄식으로 우리를 위하여 친히 간구하시느니라"(롬 8:26).

하나님의 계획에 나를 맞춰야 한다. 영에서 나의 모든 노력을 제하고 오직 그분의 일하심으로 채워야 한다. 그분이 일하시게 하고 스스로의 노력을 모두 버리라. 우리 눈에 아무리 좋아 보이더라도 우리를 위한 하나님의 뜻에 방해된다면 결코 선한 것이라 할 수 없다.

모든 다른 선보다도 하나님의

나의 생각이나 계획이 아니라 하나님의 계획에 자신을 맞추라. 나의 모든 노력을 버리고 오직 그분의 일하심으로 삶을 채워야 한다.

뜻이 우선이다. 자기 자신의 이익을 좇지 말고 하나님의 풍성하심과 믿음으로 살아가라. 그러면 우리 영혼 안에 놀라운 믿음의 역사가 시작될 것이다.

A short method of prayer

우리가 무엇을 구해야 할지 모르고,
우리에게 필요한 것을 마땅히
어떻게 빌어야 할지 모를 때, 우리 안에 계신
성령이 우리를 위해 기도하셔야
온전한 기도를 드릴 수 있다.
그렇다면 마땅히 그분이 우리 대신 기도하시도록
맡겨 드려야 하지 않겠는가?
우리를 위해 기도하실 때 성령은
"말할 수 없는 탄식으로" 아버지에게 아뢴다.
성령은 말씀의 영이시다.
말씀이신 예수가 친히 말씀하신 대로
하나님은 그 기도를 언제나 들으신다.

14
유혹이 오면
즉시 하나님에게로 돌아서라

마음이 산만해지거나 유혹을 받을 때는 직접 싸우려고 하지 말고, 오직 하나님을 붙들라.

잘못을 범하거나 그릇된 길에 빠져 방황하게 되면 즉시 영혼의 내면 세계로 방향을 돌려야 한다. 이런 잘못은 우리가 하나님을 떠나게 하기 때문에 가능한 한 즉시 그분을 향해 마음을 돌이키고, 그분이 주시는 어떤 벌이라도 달게 받아야 한다. 단, 이런 잘못을 범했다고 해서 염려하거나 불안해하지는 말라. 이 점은 매우 중요하다.

염려와 불안은 우리 안의 은밀한 교만에 원인이 있고, 자신의 가치를 사랑하는 마음에서 비롯되기 때문이다. 자신의 적나라한 모습을 감지하면 마음이 흔들리고 흐트러지기 마련이다. 낙심하면 우리는 더욱 약해질 것이다. 자신의 잘못에 생각이 고정되면 죄 자체보다 더 나쁜 번뇌에 빠질 것이다.

참으로 겸손한 영혼은 자신의 연약함에도 놀라지 않는다. 자신의 비참한 본질을 깨달을수록 더욱 하나님께 자신을 내드리고, 그분의 도움이 절실히 필요한 나의 존재를 자각하고 그분에게 더욱 가까이 나아간다. 하나님이 직접 이렇게 말씀하신다.

"내가 네 갈 길을 가르쳐 보이고 너를 주목하여 훈계하리로다"(시 32:8).

마음이 산만해지거나 유혹을 받을 때는 스스로 싸우려고 하지 마라. 그렇게 하면 문제만 더욱 심각해질 뿐이고 하나님 단순히 하나님의 임재 가운데 그대로 머무는 방법을 택한다면 즉시 그분의 팔이 우리를 보호하시는 경험을 할 것이다.

을 향한 마음도 약해질 것이다. 우리는 오직 그분에게만 붙잡혀 있어야 한다. 단순히 그 문제에서 돌아서서 하나님에게로 더욱 가까이 나아가라. 사나운 맹수가 다가오는 것을 보면 어린아이는 그 맹수와 싸우려 하지 않고, 심지어 쳐다보려고도 하지 않는다. 다만 안전하게 피할 곳을 찾아 엄마 품으로 달려갈 것이다.

"하나님이 그 성 중에 계시매 성이 흔들리지 아니할 것이라 새벽에 하나님이 도우시리로다"(시 46:5).

이렇게 그 품으로 피하지 않고 다른 행동 방식을 선택한다면, 연약한 상태에서 원수를 공격하려고 한다면 완전히 패배하고 말 것이다. 무너지진 않더라도 반드시 부상을 입을 것이다.

그러나 단순히 하나님의 임재 가운데 그대로 머무는 방법을 택한다면 즉시 그분의 팔이 우리를 보호하시는 경험을 할 것이다. 다윗이 바로 이런 방식을 택했다. 그의 말을 들어 보자.

"내가 여호와를 항상 내 앞에 모심이여 그가 나의 오른쪽에 계시므로 내가 흔들리지 아니하리로다 이러므로 나의 마음이 기쁘고 나의 영도 즐거워하며 내 육체도 안전히 살리니"(시 16:8~9).

모세도 이렇게 말한다.

"여호와께서 너희를 위하여 싸우시리니 너희는 가만히 있을지니라"(출 14:14).

A short method of prayer

3부
기도로
하나님과 연합하라

15
나를 비우고 하나님으로 채우라

기도는 하나님 앞에서 마음을 쏟는 것이다. 기도와 희생 제사는 향기처럼 영혼을 불태우며 그 견고한 열매는 복음에서 드러난다.

성 요한의 증언에 따르면 기도는 하나님에게 향기로운 향을 피워 올리는 것과 같다고 한다. 요한계시록에는 천사가 성도들의 기도의 향이 담긴 향로를 갖고 있다고 기록되어 있다(계 8:3).

기도는 하나님 앞에서 마음을 쏟는 것이다. 사무엘의 어머니는 "여호와 앞에 내 심정을 통했다"(삼상 1:15)라고 말했다. 그러므로 베들레헴 마구간에서 아기 예수의 발앞에 엎드려 향유를 드린 동방 박사의 행위도 기도가 된다.

기도는 뜨거운 사랑의 열기다. 영혼을 녹이고 용해시켜서 하나님에게로 올라가게 한다. 영혼이 녹으면 향기를 내뿜는다. 이 향기는 영혼을 불태우는 사랑에서 나온다. "왕이 침상에 앉았을 때에 나의 나도 기름이 향기를 뿜어냈구나"(아 1:12)라고 고백할 때 왕의 신부가 품었던 생각이 바로 이것이다. 여기서 침상은 마음을 뜻한다.

하나님이 우리 마음에 계시면 우리는 하나님의 임재 안에서 하나님과 함께하게 된다. 하나님의 임재하심은 우리 마음의 완악함을 녹이고 용해하며, 그 과정에서 향기가 뿜어져 나온다. 그러므로 사랑하는 연인의 말에 녹아든 신부를 바라보는 신랑은 "몰약과 유향과 상인의 여러 가지 향품으로 향내 풍기며 연기 기둥처럼 거친 들에서 오는 자가 누구인가"(아 3:6)라고 감동한다.

이렇게 해서 영혼은 하나님을 향해 올라간다. 하지만 이렇게 되기 위해서는 사랑의 강렬한 힘으로 그 영혼이 완전히 부서지고 소멸되는 고통을 감수해야 한다. 이 상태가 바로 기독교의 본질인 희생 제사다. 이 희생 제사를 통해 영혼이 하나님의 주권에 온전히 굴복하고 경배할 수 있도록 부서지고 소멸되는 것이다.

"주님의 능력은 위대하시니 비천한 사람들에 의하여 그 영광은 빛난다"(집회서 3:20).

나의 존재를 완전히 버리고 포기할 때 하나님의 주권적 통치를 고백하게 된다. 하나님의 영이 우리 안에 사시기 위해서는 자아가 소멸되어야 한다. 그분이 우리에게 오시도록 하려면 우리의 생명을 그분에게 내드리고 자아에 대해 죽어야 한다. 우리가 죽을 때 우리의 생명이 하나님 안에서 그리스도와 함께 감춰진다(골 3:3).

하나님은 "나를 원하는 사람들은 나에게로 와서, 나의 열매를 배불리 먹어라"(집회서 24:19)고 말씀하신다. 어떻게 해야 하나님으로 배부를 수 있는가? 그것은 오직 자아를 비우고 자신을 버림으로써 그 안에서 자신을 잃어버릴 때 가능하다. 우리가 '무(無)'가 되지 않으면 이 일은 결코 일어날 수 없다. 참된 기도란 자신을 완전히 비우는 것이며, 하나님에게 모든 "찬송과 존귀와 영광과 권능을 세세토록"(계 5:13) 돌려드리는 것이다.

이 기도가 진리의 기도다. 우리는 영과 진리로 성부 하나님을 예배한다. 영으로 예배하려면 우리 안에서 간구하시는 성령의 순결하심으로 들어가기 위해 인간적이고 육적인 행위를 벗어 버려야 한다. 진리로 예배한다는 것은 하나님이 전부이시며 인간은 전무라는 진리로 그 영혼이 인도받는 것이다.

'전부'와 '전무', 이 두 가지만이 진리다. 그 외의 모든 것은 다 허위다. 자신을 전무로 만들어야 하나님의 전부를 찬양할 수 있다.

하나님은 우리가 진공 상태에 있도록 버려두지 않으신다. 우리가 전무가 되는 즉시 그분으로 우리를 충만하게 채우신다.

이런 기도를 드릴 때 임하는 축복을 아는 사람이라면 다른 것으로는 아무 만족도 누리지 못할 것이다. 이는 무엇과도 바꿀 수 없는 값진 진주이기

진리로 예배한다는 것은 하나님이 전부이시며 인간은 전무라는 진리로 그 영혼이 인도함을 받는 것이다.

때문이다. 감춰진 보화다. 이 보화를 발견한 사람은 아 낌없이 모든 소유를 팔아 그 보화를 사려고 할 것이다(마 13:44~46). 그것은 영생하도록 솟아나는 샘물이며 생명수의 원천이다(요 4:14). 또한 복음의 진리를 순수하게 실천하는 가장 위대한 방법이다.

그리스도가 하나님의 나라가 우리 안에 있다고 직접 말씀해 주시지 않았는가?(눅 17:21) 이 왕국은 두 가지 방식으로 건설된다.

첫째, 하나님을 거부하는 마음이 조금도 없을 만큼 하나님이 완전한 주인이 되심으로 우리 마음이 실제적으로 그분의 왕국이 되는 것이다.

둘째, 우리가 주권자 되신 하나님을 소유하게 됨으로 하나님의 나라를 소유하는 것이다. 바로 이것이 지복의 상태로서, 우리가 창조된 목적이다. 누누이 강조되어 왔듯이 하나님을 섬긴다는 것은 곧 다스린다는 것이다. 우리가 창조된 목적은 이 세상에서 하나님을 즐거워하는 것이지만 사람들은 이것을 믿지 않는다.

16
하나님의 영과 연합하라

이러한 기도는 빈둥거리는 것이 아니라 하나님의 성령으로 승화된 행동이며, 그분을 의지하는 가운데 그분의 생명을 전달받고 그분과 연합된 상태이다.

어떤 사람들은 침묵 기도는 아무런 행동도 하지 않고 활기 없는 상태를 유지하는 것이라고 잘못 판단한다. 그러나 침묵 기도를 하면 이 단계에 들어오기 전과 비교해 훨씬 더 고귀하고 포괄적으로 활동하게 된다. 하나님이 친히 그 영혼을 움직이시고, 그 영혼은 그분의 영에 의지해 반응하고 행동하기 때문이다.

바울은 우리가 하나님의 영으로 인도함을 받기를 간절히 원했다(롬 8:14). 침묵 기도에 들어간다고 해서 모든 활동이 중지되는 것은 아니다. 우리는 침묵 중에서 거룩한 주의 영의 움직임에 의지해 행동해야 한다.

이런 상태를 탁월하게 묘사한 구약 선지자가 에스겔이다. 에스겔은 생물의 영이 깃든 바퀴를 보았다. 이 바퀴는 생령이 가는 곳마다 함께 움직이며 따라갔다. 생령이 그들 안에 있었기 때문에 영의 인도를 따라 가기도 하고 서기도 하며 하늘로 올려 가기도 했다. 하지만 결코 되돌아오는 법은 없었다(겔 1:19~20 참조).

우리 영혼도 마찬가지다. 우리 안에 계신 성령이 가시는 대로 따라가면서 어디든지 그분의 인도하심을 좇아야 한다. 성령은 결코 뒤로 후퇴하도록 인도하시지 않는다. 피조물이 스스로를 의지하도록 하지 않고, 언제나 푯대를 향해 끊임없이 나아가도록 하신다.

영혼의 이런 활동은 고요하며 평온한 활동이다. 스스로의 힘으로 움직일 때는 노력해야 움직이므로 그 활동 자체를 더욱 의식하게 된다. 하지만 은혜의 성령을 의지해 활동할 때는 너무나 자유롭고 수월해서 전혀 움직이지 않는 것처럼 보인다.

"나를 넓은 곳으로 인도하시고 나를 기뻐하시므로 나를 구원하셨도다"(시 18:19).

우리 영혼이 성령의 이끄심을 따라 하나님을 향해 움직이기 시작하는 순간부터 그 움직임은 활발해진다. 다시 말해서 하나님을 향해 나아가면 어떤 움직임보다 빠른 속도로 이끌림을 받는다. 그러나 그 활동은 너무나 고귀하고 평온하며 잔잔하기 때문에 마치 전혀 활동하지 않는 것처럼 보인다. 영혼이 자연스럽게 쉼을 누리고 있는 것이다.

바퀴가 천천히 돌아갈 때는 바퀴살을 쉽게 구별할 수 있다. 하지만 점점 속도가 빨라지면 개개의 바퀴살을 확인할 수 없다. 하나님 안에서 안식하고 있는 영혼도 지극히 고귀하고 승화되어 있지만 참으로 평화로운 활동 가운데 있다. 영혼이 평온하게 쉼을 누

영혼이 평온하게 쉼을 누리는 상태에 있을수록 하나님을 향해 나아가는 속력은 빨라진다.

리는 상태에 있을수록 하나님을 향해 나아가는 속력은 빨라진다. 영혼을 움직이고 활동하게 하는 성령님에게 영혼을 온전히 맡겼기 때문이다.

성령은 하나님 자신이시다. 우리를 자신에게로 인도하시고, 우리가 그분에게로 달려가도록 하시는 분이다. "너는 나를 인도하라 우리가 너를 따라 달려가리라"(아 1:4)고 속삭였던 신부는 이 사실을 잘 알고 있었다.

> 오, 나의 중심 되신 거룩한 주님이여, 나의 가장 내밀한 마음을 붙잡아 당신에게로 이끌어 주소서. 그러면 어디로 이끄시든지 나의 온 힘과 감각으로 달려가겠습니다! 나를 치유하는 향유이자 나를 유인하는 향기로운 향은 오직 당신의 이끄심뿐입니다.

신부는 "네 기름이 향기로워 아름답고, 우리가 너를 따라 달려가리라"고 말한다. 우리를 이끄는 이 속성은 매우 강력하며 그 이끄심을 따르는 영혼은 참으로 기쁜 마음으로 달려간다. 이끄는 힘은 강하면서도 달콤한 향기를 발하기 때문에 강력하게 우리의 영혼을 끌어당기는 동시에 그 달콤하고 감미로움으로 영혼을 기쁘게 해 준다.

신부는 "너는 나를 인도하라 우리가 너를 따라 달려가리라"고 말한다. "나를 인도하라"는 말은 자기 자신에 대해 그리고 자기 스스로에게 말한 것이다. 즉, 이끌림을 받는 대상과 완전한 연합이 일어난 것이다. "우리가 달려가리라"고 말할 때는 모든 힘과 감각이 이끄심대로 마음의 중심을 향해 따라가겠다고 말하는 것이다.

그러므로 이 상태는 비활동적이고 게으른 상태가 아니라, 우리를 움직이게 하시는 하나님의 영을 의지하면서 적극적으로 활동하는 상태다. "우리가 살며 기동하고 있는 것"은 바로 그분 안에 있기 때문이다(행 17:28).

고요하며 평온한 가운데 하나님의 영을 의지하는 일은 절대적으로 필요하며, 영혼이 창조된 목적인 단일성과 단순성을 짧은 시간 안에 얻도록 이끌어 준다. 우리 영혼은 하나님처럼 단일성과 단순성을 지니도록 창조되었다. 그러므로 우리가 창조된 목적에 부합하기 위해서는 자신의 복잡한 활동과 행위를 중단하고, 창조의 원형이신 하나님의 형상(창 1:27)을 따라 그분의 단순성과 단일성 안으로 들어가야 한다.

하나님의 영은 홀로 있으면서 모든 것을 할 수 있다(지혜서 7:22). 그 단일성 때문에 다양성이 배제되지 않는다. 하나님의 단일성에 들어가는 때는 우리가 성령과 연합하는 때다. 성령과 연합할 때 하나님과 동일한 성령을 소유하기 때문이다. 또한 단일성을 포기하지 않고서도 그분의 다양한 본성으로 인해 외적으로 다양한 면을 드러낼 수 있다.

하나님의 활동은 무한하며 우리는 그분과 한 성령을 소유하고 있으므로 성령님이 함께하시면 우리 자신의 능력으로 노력할 때보다 더 많은 일을 할 수 있다. 그러므로 우리는 지혜의 인도하심을 받도록 노력해야 한다. 이 '지혜'는 어떤 움직임보다 빠르다(지혜서 7:24). 그러므로 그분의 활동에 지속적으로 의지해야 한다. 그러면 실제로 우리는 놀라운 활력을 얻을 것이다.

"만물이 그로(말씀으로) 말미암아 지은 바 되었으니 지은 것이 하나도 그가 없이는 된 것이 없느니라"(요 1:3).

하나님은 우리를 창조하실 때 자기 형상대로 자기 모양을 따라 창조하셨다(창 1:26). 생명의 호흡으로 우리에게 말씀의 영을 주셨다(창 2:7). 우리가 하나님의 형상대로 지음을 받을 때 아버지의 형상이신 말씀의 생명도 함께 참여해 우리 안에 생명의 호흡을 불어넣어 주셨다. 이제 이 생명은 단일하고 단순하며 순수하고 친밀하다. 결실을 낼 수 있다.

그러나 사탄이 이 아름다운 형상을 손상시킨 후로 우리 안에 호흡을 불어넣으신 말씀이 오셔야만 그것을 회복할 수 있게 되었다. 반드시 아버지의 형상이신 그가 오셔야만 한다. 손상된 형상은 스스로의 노력으로는 회복될 수 없기 때문이다. 오직 그분만이 회복시키실 수 있다. 그러므로 우리가 할 일은 하나님의 일하심에 자신을 맡기고, 말씀이 우리 안에 있는 그분의 형상을 복구하도록 의탁하는 것이다.

형상이 가만 있지 않고 계속 움직인다면 조각가는 그 형상을 완성할 수 없다. 우리의 모든 노력은 하늘의 조각가의 작업을 방해해서 작품을 망칠 뿐이다. 그러므로 우리는 고요한 가운데 침묵하며, 그분이 움직이게 하실 때만 움직여야 한다.

예수 그리스도는 친히 그 안에 생명을 갖고 계시므로 (요 5:26) 살아 있는 모든 자들에게 생명을 나눠 주신다. 이는 절대 거부할 수 없는 가장 고귀한 행동이다. 사물은 그 사물이 생성된 원리가 고귀해야만 가치를 지닌다. 거룩한 원리를 따라 행한 일은 거룩하다. 반면 피조물의 행위는 아무리 선하다고 해도 인본적인 행위일 뿐이고, 은혜의 도우심으로 했다고 해도 기껏 고상한 일에 지나지 않는다.

예수님은 자기 안에 생명을 지니고 있다고 말씀하신다. 모든 피조물은 빌려 온 생명을 가지고 있지만 말씀은 스스로 생명을 소유한다. 자신을 나눠 주시고자 하는 그분은 생명을 사람들에게 나눠 주기를 소원하신다. 그러므로 우리는 이 생명이 우리 안에 흘러 들어올 수 있게 자리를 마련해야 한다. 그러기 위해서는 비움이 있어야만 하고, 아담과 우리 자신의 행위를 버려야만 한다. 바울도 이 사실을 확증했다.

"그런즉 누구든지 그리스도 안에 있으면 새로운 피

조물이라 이전 것은 지나갔으니 보라 새것이 되었도다"(고후 5:17).

이런 일이 일어나기 위해서는 우리 자신과 우리 자신의 노력이 죽어야만 한다. 그래야 하나님의 활동이 그 자리를 대신할 수 있다. 다시 말하지만 우리가 아무 활동도 하지 않는다는 게 아니라, 오직 그분의 활동이 우리의 활동을 대신할 수 있도록 하나님의 영을 의지해야 한다는 것이다.

예수님은 4복음서를 통해 이 사실을 몸소 가르쳐 주셨다. 마르다는 좋은 일을 하고 있었지만 자기 힘으로 했기 때문에 예수님에게 꾸중을 들었다. 인간의 영은 소란하고 분주하며, 많은 일을 하는 것 같지만 실제로 이뤄 내는 일은 거의 없다. 예수님은 그런 마르다를 책망하셨다.

"마르다야 네가 많은 일로 염려하고 근심하나 몇 가지만 하든지 혹은 한 가지만이라도 족하니라 마리아는 이 좋은 편을 택하였으니 빼앗기지 아니하리라"(눅 10:41~42).

마리아는 무엇을 선택했는가? 그녀는 평강과 고요함과 안식을 선택했다. 하나님의 영이 이끄시는 대로 따르기 위해 자신의 행동을 중단했다. 그리스도가 자신의 생명이 되시도록 자신이 사는 것을 중단했다. 마리아의 태도는 예수님을 따르기 위해 자신과 자신의 모든 노력을 포기하는 게 왜 그토록 중요한지 알려 준다. 우리가 그분의 영의 인도하심을 받지 않으면 그분을 따를 수 없다. 그리스도의 영이 우리 안에 거하실 수 있도록 그분에게 우리 자신의 영을 내드려야 한다.

바울은 "주와 합하는 자는 한 영이니라"(고전 6:17)고 말한다.

"하나님께 가까이함이 내게 복이라 내가 주 여호와를 나의 피난처로 삼아 주의 모든 행적을 전파하리이다"(시 73:28).

그리스도의 영이 우리 안에 거하실 수 있도록 그분에게 우리 자신의 영을 내드려야 한다.

하나님께 가까이함이란 무엇인가? 그것은 바로 연합의 시작이다. 연합은 시작과 진행,

성취, 완성으로 이뤄진다. 연합의 시작은 하나님을 향해 방향을 돌이킬 때 일어난다. 영혼이 지금까지 설명했던 방법으로 방향을 돌이킬 때 영혼의 중심으로 끌리게 되고, 하나님과 연합하고자 하는 강렬한 욕구가 생긴다. 이 성향이 바로 연합의 시작이다. 그러고 나서 더욱 하나님과 밀착하게 되는데, 이 일은 하나님께 더 가까이 다가갈 때 일어난다. 그 다음으로 그분과 결합하고 마침내 그분과 하나가 된다. 다시 말해서 그분과 한 영이 된다. 하나님을 떠나왔던 영이 결국 원래 있던 곳인 하나님에게로 돌아오는 때가 바로 이때다.

우리는 반드시 이 단계까지 나아가야 한다. 이 일을 하시는 이는 하나님의 영, 예수 그리스도의 영이다. 바울은 "누구든지 그리스도의 영이 없으면 그리스도의 사람이 아니라"(롬 8:9)고 선언했다. 그리스도의 소유가 되기 위해서는 그리스도의 영으로 채우심을 받고 자신은 비워야 한다. 우리 마음을 비워야 한다. 바울은 하나님의 영이 일하셔야 함을 로마서에서 이렇게 말했다.

"무릇 하나님의 영으로 인도함을 받는 사람은 곧 하

나님의 아들이라"(롬 8:14).

우리로 하여금 하나님의 아들이 되게 하시는 성령은 하나님의 일을 하시는 바로 그 영이다.

"너희는 다시 무서워하는 종의 영을 받지 아니하고 양자의 영을 받았으므로 우리가 아빠 아버지라고 부르짖느니라"(롬 8:15).

이 영은 다름 아닌 바로 예수 그리스도의 영이다. 우리는 바로 이 영으로 말미암아 하나님의 아들 되심에 참여하게 되었다.

"성령이 친히 우리의 영과 더불어 우리가 하나님의 자녀인 것을 증언하시나니"(롬 8:16).

하나님의 영에 인도하심을 받도록 자신의 영혼을 그분에게 온전히 맡기는 즉시, 우리는 우리가 하나님의 자녀라는 성령의 증언을 경험하게 된다. 이 증거는 우리가 하나님의 아들로서 자유를 누리도록 부르심을 받았으며, 두려워하는 종의 영이 아니라 자유의 영을 받았음을 알려 준다. 따라서 이 증언으로 인한 우리의 기쁨도 더욱 커진다.

우리가 하는 모든 일에는 성령의 일하심이 절대적으로 필요하다. 바울은 우리가 무엇을 구하고 기도해야 할지 모르기 때문에 성령의 일하심이 더욱 절실하게 필요하다고 했다.

그는 "이와 같이 성령도 우리의 연약함을 도우시나니 우리는 마땅히 기도할 바를 알지 못하나 오직 성령이 말할 수 없는 탄식으로 우리를 위하여 친히 간구하시느니라"고 말했다. 그의 지적은 확실한 사실이다.

우리가 무엇을 구해야 할지 모르고, 우리에게 필요한 것을 마땅히 어떻게 빌어야 할지 모를 때, 우리 안에 계신 성령이 우리를 위해 기도하셔야 온전한 기도를 드릴 수 있다. 그렇다면 마땅히 그분이 우리 대신 기도하시도록 맡겨 드려야 하지 않겠는가?

우리를 위해 기도하실 때 성령은 "말할 수 없는 탄식으로" 아버지에게 아뢴다.

성령은 말씀의 영이시다. 말씀이신 예수가 친히 말씀하신 대로 하나님은 그 기도를 언제나 들으신다.

"항상 내 말을 들으시는 줄을 내가 알았나이다"(요 11:42).

우리 안에 계신 성령에게 우리 대신 구하고 기도하시도록 맡긴다면 우리 기도는 언제나 응답될 것이다. 그 이유는 무엇인가? 위대한 사도이자 내면 생활에 관해 심오한 체험을 한 신비주의자인 바울은 그 이유를 가르쳐 준다.

"마음을 살피시는 이가 성령의 생각을 아시나니 이는 성령이 하나님의 뜻대로 성도를 위하여 간구하심이니라"(롬 8:27).

성령님은 하나님의 뜻만을 구하신다. 하나님의 뜻은 우리가 구원받고 완전함에 이르는 것이다. 그러므로 성령은 우리가 완전함에 이르는 데 필요한 모든 것을 간구하신다.

그렇다면 우리가 불필요한 염려의 짐을 지고 자신의 힘과 노력에 매달리면서 힘들어할 이유가 어디 있는가? 우리 안에는 소망이 없으니 우리의 노력으로는 하나님 안에 안식할 희망도 없다고 왜 말하지 않는가?

하나님은 우리의 모든 염려를 자신에게 맡기라고 초청하신다. 그리고 어떤 기쁨도 누리지 못함에도 불구하고, 우리의 힘과 재물과 보물을 잡다한 곳에 끝없이 허비하고 있다고 질책하신다.

"너희가 어찌하여 양식이 아닌 것을 위하여 은을 달아 주며 배부르게 하지 못할 것을 위하여 수고하느냐 내게 듣고 들을지어다 그리하면 너희가 좋은 것을 먹을 것이며 너희 자신들이 기름진 것으로 즐거움을 얻으리라"(사 55:2).

하나님의 음성을 듣는 기쁨이 얼마나 놀라운 행복이며 영혼에 얼마나 큰 힘을 주는지 모든 사람이 알 수 있다면 얼마나 좋겠는가! 모든 육체는 주님 앞에서 잠잠해야 한다(슥 2:13). 그분이 나타나실 때는 작위적인 노력을 모두 그쳐야 한다. 우리가 주저함 없이 하나님에게 우리 자신을 맡기도록, 하나님은 우리가 두려워할 일이 조금도 없음을 확인시켜 주신다. 주님이 우리 각 사람을 특별하게 보살펴 주시기 때문이다.

"여인이 어찌 그 젖 먹는 자식을 잊겠으며 자기 태에서 난 아들을 긍휼히 여기지 않겠느냐 그들은 혹시 잊을지라도 나는 너를 잊지 아니할 것이라"(사 49:15).

아, 이 얼마나 놀라운 위로의 말씀인지! 이 말씀을 듣고 하나님의 인도하심에 전적으로 자신을 맡기기를 두려워할 자가 누가 있겠는가!

17
하나님께 마음을 드리라

외적인 행동과 차별되는 내적인 행동은 겉으로 드러나지는 않지만 습관화되어 지속적으로 이뤄지는 것으로, 지각을 넘어서 단순하게 하나님의 품성의 바다에 잠기는 것이다.

인간의 행동은 내적인 것과 외적인 것으로 나뉜다. 외적인 행동은 겉으로 드러나는 행동이며 물리적으로 감지가 가능하다. 여기서 우리의 관심은 외적인 행동이 아니라 내적인 행동에 있다. 그것은 영혼의 활동으로서, 영혼은 그런 활동을 통해 내적으로 어떤 대상에 자신을 집중하고 다른 대상에서는 관심을 돌이킨다.

이 내적 활동을 하나님에 대해 적용해 보면, 나는 하나님이 알려 주시는 행동과는 다른 성격의 행동을 하고 싶어 하는 것을 알 수 있다. 정도의 차이는 있지만 하나님을 떠나 세상으로 돌이키려고 한다. 그러나 세상에 빠져 있을 때 하나님에게로 돌아가고 싶은 마음이 생긴다면 거기서 방향을 돌이켜 그분에게로 돌아가야 한다. 이 행동이 완전해질수록 돌이킴도 더 완전해질 것이다.

완벽하게 방향이 전환되기까지는 하나님을 향해 돌이키는 행동이 반복적으로 필요하다. 어떤 경우는 단번에 이뤄지기도 하고 어떤 경우는 점진적으로 이뤄지기도 한다. 어느 경우든 "마음을 다하여 내게로 돌아오라" (욜 2:12)는 말씀대로 영혼의 온 힘을 다해 하나님에게로 돌이키도록 행동해야 한다.

"네 하나님 여호와께로 돌아와… 마음을 다하고 뜻을 다하여"(신 30:2).

하나님이 원하시는 건 오직 우리 마음이다.

"내 아들아 네 마음을 내게 주며 네 눈으로 내 길을 즐거워할지어다"(잠 23:26).

하나님에게 마음을 드린다는 것은 오직 하나님에게 시선을 모으고 온 힘과 마음이 하나님에게 집중된다는 것이며, 그런 상태에서 그분의 뜻을 따른다는 것이다. 그러므로 우리는 하나님에게로 돌이킨 후 언제나 그분을 향해 있어야 한다.

그러나 인간의 마음은 약하다. 또한 세상의 것을 바라보는 데 익숙한 영혼은 하나님으로부터 쉽게 돌아선다. 그러므로 외적인 것에 마음이 끌리는 것을 감지하는 즉시 하나님에게로 돌아서는 단순한 행동으로 이전 상태를 회복해야 한다. 어떤 행동을 반복하면 습관이 되듯이, 영혼도 이런 행위를 반복함으로써 돌이키는 습관이 형성되고 그 행동은 지속적인 상태로 발전한다.

이때 그 영혼은 자신의 노력이나 행위로 하나님에게 가까

하나님에게 마음을 드린다는 것은 오직 하나님에게 시선을 모으고 온 힘과 마음이 하나님에게 집중된다는 것이다.

이 가고자 해서는 안 된다. 오직 하나님에게 붙어 있는 단순한 행동이 아니라 다른 수단으로 행동하고자 노력하는 것이기 때문이다.

그렇다고 아무 행동도 하지 말아야 한다는 뜻은 아니다. 우리는 언제나 행동하는 상태에 있다. 다만 각자 자기 수준에 맞게 행동해야 하는 것이다. 이 부분을 어렵게 생각하는 그리스도인이 많기 때문에 명확하게 설명하고자 한다.

우리의 행동에는 일시적이고 개별적인 행동과 지속적인 행동이 있다. 반면 직접적인 행동과 의식적인 행동이 있다. 그런데 많은 사람이 일시적이고 개별적이며 직접적인 행동을 한다. 이런 행동을 하는 사람은 하나님을 향해 있지 않은 사람들이다. 그러므로 구체적인 행동 변화를 통해 하나님에게 돌아가도록 힘써야 한다.

지속적인 행동이란 하나님을 향해 영혼이 완전히 돌아서 있는 상태를 뜻한다. 이런 상태에서는 주님과 거함이 중단되지 않는 이상 하나님에게서 다시 돌아서는 행동을 하지 않게 된다. 그 상태가 지속되고 있기 때문이다. 이렇게 완전히 하나님을 향해 돌아서 있는 영혼은 사랑 안에 있으며 그분 안에 거하게 된다.

"사랑 안에 거하는 자는 하나님 안에 거하고"(요일 4:16).

비록 그 영혼이 하나님을 향한 행동을 하지 않을 때조차 안식하며 하나님을 향하는 습관적인 행동 가운데 있다. 그러나 이 안식은 아무것도 하지 않는 게으른 상태가 아니다. 사실상 강렬한 활동이 쉬지 않고 이뤄지고 있다. 하나님이 점점 더 강렬하게 그 영혼을 끌어당기심으로 하나님 안으로 감미롭게 빠져 들어가는 일을 하고 있는 것이다.

이 이끌림을 따라 사랑 안에서 안식을 누리면 그 영혼은 점점 더 사랑 안에 깊숙이 빠져들고, 내면 활동은 처음 내면 세계로 향할 때보다 더 강렬하고 활발하게 일어난다.

하나님을 향해 심오하고 강렬한 활동을 하는 영혼은 이런 자신의 활동을 자각하지 못한다. 그것이 의식적인 활동이 아니라 내면 세계에서 일어나는 일이기 때문이다. 그러므로 이 단계에 들어간 사람은 이 상태를 어떻게 설명해야 할지 알지 못하고, 자신이 아무런 활동도 하지 않는다고 말한다. 하지만 그 생각은 틀린 것이다. 오히려 그는 그 어느 때보다 더 활동적으로 움직이고 있다. 아무 활동도 하지 않는 것이 아니라 어떤 활동도 의식하지 못하고 있다는 표현이 더 적절하다.

그 영혼이 자의로 활동하지 않는다는 말은 옳다. 하지만 그 영혼은 이끌림을 받고 있고, 이끌리는 힘을 따라가고 있다. 이때 그 영혼이 그렇게 빠져들도록 끌어당기는 힘이 바로 사랑이다. 바다에 빠진 사람이 바다 속으로 가라앉을 때 그 바다가 끝도 없이 깊다면 무한히 가라앉게 되듯이, 사랑 안에 거하는 영혼 역시 스스로 의식하지 못한 채 놀라운 속도로 깊이를 알 수 없는 사랑의 심연 속으로 빠져들어 간다. 아무런 활동도 하지 않는다는 말이 틀렸다는 건 바로 이런 까닭이다.

내면 세계로 의식을 돌이키는 활동은 누구나 하지만 그 방식은 사람마다 모두 다르다. 이 활동이 반드시 필요함을 아는 사람은 개별적이고 의식적으로 그 경험을 하려고 하기 때문에 오류를 범하기 쉽다. 의식적인 행동은 초보자를 위한 것이고 나머지 행동은 영적으로 더 성숙한 사람을 위한 것이다. 초보 단계에서 멈추는 것은 가장 심오한 단계까지 가서 하나님을 만나는 특권을 스스로 박탈하는 것이나 마찬가지다. 하지만 초보 단계를 거치지 않고 마지막 과정을 시도하는 것 역시 중대한 오류를 범하는 것이다.

모든 것에는 정해진 때가 있듯이 영적 상태에도 시작과 진행과 완성의 단계가 있다. 시작이 없는 일이란 없다. 처음에는 노력해서 시작해야 한다. 하지만 이후에는 그 노력의 결실을 누리게 된다.

배가 항구에 있을 때 선원들은 바다로 배를 끌고 나가기가 어렵다. 하지만 일단 항구를 벗어나면 항해하고자 하는 방향으로 쉽게 움직인다. 마찬가지로 우리 영혼이 죄악에 매여 있으면 거기서 끌어내기 위한 노력이 필요하다. 죄에 묶여 있는 사슬을 푼 다음 힘을 다해 조금씩 자아의 항구를 벗어나 하나님이 거하시는 내면으로 방향을 돌려 나아가야 한다. 항해의 목적지가 바로 그곳이다.

돛을 펼친다는 것은 단순히 하나님 앞에서 우리 자신

을 내려놓고 그분의 영으로 움직인다는 뜻이다. 키를 잡는다는 것은 우리 마음이 항로에서 이탈하지 못하도록 지킨다는 뜻이다. 가야 할 길을 벗어날 때 부드럽게 원위치로 돌리고, 성령의 이끄심 대로 가도록 조절해야 한다. 그러면 바람을 가득 안은 돛처럼 하나님의 영이 점차 우리의 마음을 사로잡고, 우리를 이끌어 가신다.

배가 순풍을 타고 항해하는 한 선원들은 힘들게 배를 젓지 않고 휴식을 취한다. 바람에 배를 맡기면 스스로 노력할 때보다 짧은 시간 안에 먼 거리를 갈 수 있다. 그러나 스스로 노를 저어 가고자 하면 고단하고 피곤한 것은 물론이고 그 노력 역시 소용이 없다. 오히려 배의 속도를 지연시키는 결과를 낳을 뿐이다.

바람과 풍랑이 거세게 일고 역풍이 불 때는 배를 멈추고 바닷속으로 닻을 내려야 한다. 무서운 풍랑이 그치고 순풍이 다시 불기까지 인내하는 마음으로 기다리며, 하나님을 신뢰하고 그분의 선하심을 신뢰해야 한다. 다윗은 "내가 여호와를 기다리고 기다렸더니 귀를 기울이사 나의 부르짖음을 들으셨도다"(시 40:1)라고 말한다.

18
어린 영혼들을
그리스도에게로 인도하라

마음으로 드리는 기도를 하지 않는 설교자들의 영성은 메마르고, 그로 인해 다양한 악이 생긴다. 지도자들은 사람들이 어리석은 율법주의에서 벗어나 기도로 나아가도록 이끌고 권면해야 한다.

 영혼을 주님에게로 인도하기 원하는 지도자들이 모두 사람들의 마음을 얻고, 무엇보다 그들을 기도와 내면세계로 인도하고자 힘쓴다면 수많은 사람이 참된 회심에 이르는 것을 볼 것이다. 그러나 사람들의 문제에 표면적으로만 접근한 채 사람들을 그리스도에게로 인도하지 않고 그분이 그들의 마음을 다스리시게 하지 않는다면, 외적으로 지켜야 할 수많은 규범과 법의 무거운 짐만 어깨에 지어 주는 꼴이다. 이런 노력은 별다른 결실도 얻지 못할 뿐 아니라 그 효과 또한 지속적이지 않다.

일단 마음이 하나님의 소유가 되면 다른 결점은 쉽게 고칠 수 있다. 하나님이 특별히 우리의 마음을 요구하시는 이유가 바로 여기에 있다. 이렇게 해야만 세상에 만연한 방탕함과 술 취함, 신성 모독, 음탕함, 증오, 절도와 강도를 그치게 할 수 있다. 예수 그리스도가 온전히 통치하시며 온 교회가 회복될 수 있다.

믿음과 기도가 없을 때는 오직 잘못된 진리가 영혼에 가득하다. 이런 사람들을 교리에 대한 논쟁보다 단순한 믿음을 갖고 기도하도록 가르칠 수 있다면 그 영혼은 부드럽게 그리스도에게로 인도함을 받을 수 있다.

하나님과 함께하는 내면 생활을 무시할 때 얼마나 막대한 상실을 자초하는지 모른다! 영혼을 돌볼 책무를 맡은 사람들은 그들이 섬기는 모든 사람에게 숨겨진 보화를 찾아 주지 않는다면 하나님 앞에서 그 책임을 져야만 한다.

이 길이 위험한 길이라고 생각하는 사람들도 있고,

신령한 일을 이해할 수 없다고 변명하는 이들도 있다. 그러나 성경은 하나님이 이런 것들을 지혜로운 자들에게는 숨기시고 어린아이들에게는 나타내셨다고 말하고 있다. 유일하게 참된 길이신 예수 그리스도 안에서 행하는 데 어떤 위험이 있다는 말인가? 그분에게 자신을 내드리고 늘 그분만을 의지하며, 그분의 은혜를 온전히 신뢰하고 영혼의 온 힘을 다해 그분의 순결한 사랑을 바라보는 데 무슨 위험이 따를 수 있다는 것인가?

단순한 사람들은 이 완전함에 이를 수 없다는 말은 틀린 말이다. 오히려 그들은 더 유순하고 겸손하며 때 묻지 않아서 완전함에 이르기에 가장 적합하다. 그들은 자기 지식으로 따지고 분석하지 않기 때문에 자신의 생각에 집착하지 않는다. 신학 훈련을 받은 적이 없기 때문에 오히려 하나님의 성령의 인도하심에 더욱 민감하고 즉각적으로 반응할 수 있다. 하지만 자신의 풍요로움에 만족하여 영적으로 소경이 된 사람들은 거룩한 인도하심에 거부감을 보인다.

하나님은 또한 단순한 자들에게 그 말씀을 주심으로 깨닫게 하신다(시 119:130).

"여호와의 증거는 확실하여 우둔한 자를 지혜롭게 하며"(시 19:7).

"여호와께서는 순진한 자를 지키시나니 내가 어려울 때에 나를 구원하셨도다"(시 116:6).

영혼을 맡은 자들이여! 영적으로 어린 아이들이 그리스도에게 나아가는 것을 방해하지 않도록 주의하라. 예수님이 그분의 제자들에게 하신 말씀을 기억하라.

"어린아이들이 내게 오는 것을 용납하고 금하지 말라 하나님의 나라가 이런 자의 것이니라"(눅 18:16).

예수님이 제자들에게 이런 말씀을 하신 것은 아이들이 예수님에게 나아가는 것을 싫어했기 때문이다. 마음이 병에 걸렸는데 몸을 치료하려고 하는 때가 많다. 사람들을 변화시키려는 우리의 노력이 성공하지 못하는 까닭은 외적인 변화에 집중하기 때문이다. 내면이 바뀌지 않으면 외적인 변화를 이루고자 아무리 노력해도 곧 실패하고 만다. 그러나 먼저 하나님이 거하시는 내면으로 들어가는 열쇠를 사람들에게 주면 외적인 부분들은 너무나 쉽게 변화될 수 있다.

이 일은 아주 쉽다. 그들에게 마음으로 하나님을 찾고 그분만을 생각하도록 가르치며, 마음이 멀어지는 것을 볼 때마다 그분에게 돌아가도록 가르치라. 오직 그분을 기쁘시게 해 드리겠다는 마음으로 모든 일을 하고 견디도록 가르치라. 그들은 은혜의 근원으로 나아가 모든 필요가 충족되는 체험을 할 것이다.

사람들의 영혼을 섬기는 이들이여! 그들을 무엇보다 먼저 이 길, 곧 예수 그리스도에게로 인도하라. 당신에게 맡겨 주신 영혼들을 위해 흘리신 피로써 이 일을 촉구하시는 이가 바로 그분이다.

"너희는 예루살렘의 마음에 닿도록 말하며 그것에게 외치라"(사 40:2).

그분의 은혜를 받아 나눠 주는 이들이여, 그분의 말씀을 전하는 설교자들이여, 성례를 집전하는 자들이여, 그분의 나라를 건설하라! 진정으로 그 나라를 세우기 위해 그분을 마음의 통치자로 삼으라. 그분의 나라를 반대할 수 있는 건 오직 마음이다. 그분의 주권이 온전히 선포되려면 마음이 복종해야 한다.

우리는 기도를 세련되고 고상한 것으로 만들려고 한다. 그러나 정돈되고 지나치게 훌륭한 기도를 드리려다가 오히려 기도를 불가능하게 만들 수 있다. 영적인 자녀들에게 세련되고 고상한 언어를 가르쳐 주려고 하다가 오히려 아버지의 가장 좋은 것들을 멀리하게 만들었다. 이 얼마나 애석한 일인가!

가엾은 하나님의 자녀들이여, 지금 하늘 아버지 앞으로 나아가 꾸미지 않은 자연스러운 언어로 구할 바를 아뢰라. 투박하고 세련되지 않아도 하나님은 그렇게 여기지 않으실 것이다. 아버지는 두서없고 서툴러도 사랑과 존경이 담긴 자녀의 말을 가장 기뻐하신다. 그 말이 마음에서 우러나온 것임을 아시기 때문이다. 장황하지만 무미건조하고, 잘 정돈되어 있지만 입에 발린 허무한 말보다 더 값지기 때문이다.

하늘 아버지 앞으로 나아가 꾸미지 않은 자연스러운 언어로 구할 바를 아뢰라.

오, 사랑이 가득 담긴 얼굴로 당신을 바라보는 자녀들을 그분이 얼마나 좋아하고 기뻐하시는지! 그들의 얼굴에는 어떤 말과 이성으로도 전달할 수 없는 사랑의 감정이 담겨 있다. 세련된 방식으로 하나님을 사랑하도록 가르치려고 하다가 오히려 사랑을 잃어버릴 수가 있다. 사랑의 기술을 가르친다는 건 부질없는 짓이다. 사랑하지 않는 사람에게는 사랑의 언어가 귀에 거슬리고 어색할 뿐이다.

그러나 우리는 하나님을 사랑함으로써 하나님을 사랑하는 법을 가장 잘 배울 수 있다. 하나님은 세련되고 정돈된 기도를 원하시지 않는다. 하나님이 원하시면 양을 치는 목자들을 들어 선지자로 쓰실 수 있다. 또한 누구에게도 기도의 궁궐 문을 닫지 않으시고 모든 사람에게 그 문을 활짝 열어 두신다.

지혜는 광장에서 외치라는 명령을 듣고 이렇게 외치고 있다.

"어리석은 자는 이리로 돌이키라 또 지혜 없는 자에게 이르기를 너는 와서 내 식물을 먹으며 내 혼합한

포도주를 마시고"(잠 9:4~5).

"이것을 지혜롭고 슬기 있는 자들에게는 숨기시고 어린아이들에게는 나타내신"(마 11:25) 아버지께 감사 기도를 드리라.

19
자아를 버리고 하나님과 연합하라

자아를 버리는 또 다른 방법은 거룩한 연합을 위한 예비 과정으로서, 이는 하나님의 지혜와 공의로 영혼을 깨끗하게 해 준다.

거룩한 연합은 묵상만으로도 일어날 수 없고, 심지어 사랑이나 하나님의 뜻대로 드린 기도로도 이뤄질 수 없다. 여기에는 몇 가지 이유가 있다.

첫째, 성경에 의하면 "하나님을 보고 살 자가 없기"(출 33:20) 때문이다. 온갖 기도나 심지어 적극적인 묵상도 수동적인 상태로 들어가기 위한 준비 과정이 아니라 그 자체가 목적이 되면, 자기 생명에서 나온 노력일 뿐이다. 이런 것으로는 하나님을 볼 수 없고 하나님과 연합하게 할 수도 없다. 인간에게서 나온 것, 인간 자신의 노력에서 나온 것은 아무리 고귀하고 숭고하다고 해도 완전히 제거되어야 한다.

요한은 "하늘에 고요함이 있었다"라고 말한다. 여기서 말하는 하늘은 영혼의 깊은 내면의 중심을 뜻한다. 하나님의 위엄이 나타날 때는 모든 것이 다 침묵하고 잠잠해야 한다. 우리 자신의 노력이나 우리 자아에 속한 모든 것이 제거되어야 한다. 자아의 활동보다 더 하나님을 대적하는 것은 없으며, 인간의 모든 악은 다 이 자아로 인한 것이다. 자아는 악의 근원이다. 그러므로 영혼이 자아를 버릴수록 더 정결하게 된다.

둘째, 철저히 이질적인 하나님의 정결하심과 인간의 부정함이 하나로 연합하고, 하나님의 단일성과 피조물의 복잡성이 하나로 융합되기 위해서는 오직 하나님만이 역사하셔야 한다. 인간의 노력으로는 결코 이 일을 이뤄 낼 수 없다. 두 가지가 하나가 되기 위해서는 서로 비슷한 속성이 있거나 관련성이 있어야 한다. 불순물이 섞인 금속을 깨끗하고 정제된 금속과 섞지는 않을 것이다.

그렇다면 하나님은 무슨 일을 하시는가? 세상의 모든 불순물을 태우기 위해서 불이 개입되듯이 하나님은 먼저 하나님의 지혜라는 불을 보내신다. 불은 모든 것을 태운다. 그 불의 세력 앞에 버틸 것은 아무것도 없다. 하나님의 지혜도 마찬가지다. 그분은 인간 안의 모든 더러운 것을 불태우시고 거룩한 연합에 합당하도록 각 사람을 준비시키신다.

연합을 가로막는 이 더러운 것은 바로 자아이며 자아의 활동이다. 왜냐하면 자아는 본질적으로 정결함과 결코 섞일 수 없는 불결함의 근원이기 때문이다. 태양 광선이 진흙 위를 비출 수는 있지만 결코 뒤섞일 수는 없는 것과 마찬가지다.

하나님은 무한한 고요함과 안식 그 자체이시므로 영혼이 하나님과 연합하기 위해서는 그분의 고요함과 안식에 동참해야 한다. 그렇게 하지 않으면 서로 공통점이 없기 때문에 절대 연합이 일어날 수 없다. 둘이 연합하기 위해서는 그에 합당한 쉼이 있어야 한다. 영혼이 인간적인 자기 뜻을 내려놓고 쉬게 해야만 거룩한 연합에 이를 수 있는 까닭이 바로 여기에 있다. 내면의 중심이 모든 활동을 쉬고 창조 때의 순결함을 누릴 때만이 하나님과 하나 됨을 체험할 수 있다.

금을 제련하기 위해 불이 사용되듯이 하나님은 영혼을 정결하게 하시기 위해 지혜를 사용하신다. 금은 오직 불로만 제련할 수 있다. 불은 더럽고 이질적인 모든 것을 불사르고 그것들을 금과 분리시킨다. 흙 속에서 금을 캐내는 것만으로는 충분하지 않다. 불이 그것을 녹이고 해체시켜 불순물을 완전히 제거해야 한다. 그리고 불순물이 완전히 제거될 때까지 몇 번이고 불속에 집어넣어야 한다. 이는 순금을 만들기 위해 반드시 필요한 과정이다. 그러고 나서야 뛰어난 세공사가 아름다운 작품을 만들기에 적당한 재료가 된다.

이렇게 만들어진 금이 다시 더러워졌다면, 그것은 다른 오염물과 접촉해서 불순물이 묻었기 때문이다. 그러나 이때는 오직 표면만 더러워진 것이기 때문에 다시 사용해도 지장이

내면의 중심이 모든 활동을 쉬고 창조 때의 순결함을 누릴 때만이 하나님과 하나 됨을 체험할 수 있다.

없다. 이전에는 본성 자체가 더러웠지만 지금은 아니다.

또한 불순물이 섞인 금과 불순물이 전혀 섞이지 않은 순금을 섞을 수는 없다. 이 둘을 섞으면 불순물이 섞인 금은 순도가 조금 올라간다고 해도 순금은 모두 사라지는 꼴이 되기 때문이다. 불순물이 섞인 정제되지 않은 금을 정제된 금과 섞을 연금사가 있을까? 만약 이런 상황이라면 연금사들은 먼저 질이 떨어지는 금에서 모든 불순물을 제거해서 섞어도 될 수준으로 만드는 작업부터 할 것이다.

바울이 이런 말을 했다. "그 불이 각 사람의 공적이 어떠한 것을 시험할 것임이라"(고전 3:13). 그리고 누구든지 불탈 정도의 공적이 있으면 "불 가운데서" 구원을 받아야 할 것이라고 덧붙이고 있다(고전 3:15). 말하자면 어떤 일이 하나님이 받으실 선한 행위라 해도 그 영혼이 정결해지려면 불 가운데를 통과해야 한다는 것이다. 자아의 행위라는 모든 불순물이 제거되어야 하는 것이다. 하나님은 우리의 의를 판단하실 것이다.

"율법의 행위로 그의 앞에 의롭다 하심을 얻을 육체

가 없나니… 믿음으로 말미암아 모든 믿는 자에게 미치는 하나님의 의니 차별이 없느니라"(롬 3:20, 22).

이 말씀은 인간이 하나님과 연합하기 위해서는 모든 것을 다 삼켜 버리는 무자비한 불처럼, 하나님의 공의와 지혜가 세속적이고 육적인 모든 것과 자아의 모든 활동을 제거해야 한다는 뜻이다. 그 영혼에게서 이 모든 것이 제거되는 정화 과정이 있어야 하나님과의 연합이 이뤄진다.

인간의 노력으로는 결코 이런 일이 일어날 수 없다. 오히려 그런 노력은 후회와 회한만 가져다 준다. 이미 말했듯이 인간은 자아에 대한 애착이 강렬하고 자아가 무너지는 것을 매우 두려워한다. 그래서 하나님이 친히 그분의 권능과 권세로 그 일을 해 주시지 않으면 인간은 그 일에 동의하지 않을 것이다.

하지만 하나님은 인간의 자유 의지를 절대 박탈하시지 않으므로 인간은 언제라도 하나님을 거역할 수 있다. 그러므로 하나님이 인간의 승낙을 받지 않고 일방적으로 일하신다고 말해서는 안 된다. 인간이 수동적으로 승낙한 것만으로도 충분하다. 그래도 온전하고 전적인 자유를 누리는 셈이다. 처음 회심할 때 하나님에게 자신의 존재를 맡김으로 자신에 대해 그분의 뜻대로 하시도록 했다. 그러므로 이후로 하나님이 하시는 모든 일을 적극적이고 전체적으로 받아들이기로 승낙한 셈이다.

그러나 하나님이 실제로 무너뜨리고 태우며 정결하게 하는 일을 시작하시면 그 영혼은 이 모든 일이 자신의 유익을 위한 것임을 깨닫지 못한다. 오히려 정반대로 믿는다.

처음 정화 작업이 시작될 때는 불이 금을 검게 그을리는 것처럼 보이듯이 이 작업도 영혼의 깨끗함을 오히려 망치는 것처럼 보인다. 그러므로 그 영혼은 능동적이고 분명하게 동의하기가 쉽지 않았을 것이다. 어쩌면 동의하지 않았을지도 모른다. 그 영혼이 하는 일은 오직 주의 행하심에 대해 수동적인 동의 상태를 굳건히 유지하며 최대한 견디는 것이다. 그 행하심을 막을 수도 없고 반대할 생각도 없다.

그리고 나면 하나님이 영혼의 모든 인간적이고 개별적이며 의식적인 활동을 제하시고 정결하게 하시며, 결국 점점 더 그분과 가까워져 하나 됨을 이루게 하신다. 하나님 앞에서 그 영혼의 수동적 능력은 지각하지 못하는 은밀한 방법으로 확대된다. 그래서 신비롭다. 그러나 이 모든 역사하심에서 영혼은 그분에게 맡기는 수동적 행위를 통해 그분의 뜻에 전적으로 따른다. 하나님의 역사하심이 강렬해질수록 더욱 지속적으로 그분에게 자신을 맡기고, 결국 완전히 하나님에게 흡수되는 단계에 도달한다.

행동과 노력이 전혀 없어야 한다고 말하는 것이 아니다. 그 경지에 들어가는 관문으로서 노력이 반드시 필요하다. 하지만 그 관문에 머물러 있어서는 안 된다. 우리의 목표는 완전함에 도달하는 것이며, 처음에 의지한 수단을 버리지 않으면 결코 그 지점에 이를 수 없다. 그 수단은 그 길로 들어서도록 이끌어 주는 데 필요했지만, 이후에도 계속 고집스럽게 그것에 집착하면 오히려 심각한 방해물이 된다. 바울이 다음과 같이 말한 것도 이런 이유 때문이다.

"뒤에 있는 것은 잊어버리고 앞에 있는 것을 잡으려

고 푯대를 향하여 그리스도 예수 안에서 하나님이 위에서 부르신 부름의 상을 위하여 달려가노라"(빌 3:13~14).

길을 떠난 한 여행자가 첫번째 여관에 도착했다. 그런데 많은 사람이 그곳에 묵었을 뿐 아니라 그곳에 오래 머물렀던 이들도 여럿이고, 집주인도 그곳에 살고있다는 생각으로 다른 숙소로 가지 않고 그 여관에 계속 머무른다면 어떨까? 단지 그 이유 때문에 한 곳에 머무른다면 우리는 그를 정신이 이상한 사람이라고 생각하지 않겠는가? 이렇게 길을 떠난 영혼도 목적지를 향해 중단하지 않고 나아가야 한다. 첫 단계에서 중단하지 말고 가장 **빠른** 지름길을 택해 가야 한다. 바울의 권면을 따라 "하나님의 영으로 인도함"(롬 8:14)을 받도록 자신을 내드려야 한다. 하나님의 영은 그 영혼이 창조된 목적이라는 궁극적 목적지로 인도해 주실 것이다. 그건 바로 하나님을 즐거워하고 누리는 것이다.

하나님은 지극히 선한 분이심을 누구나 알고 있다. 궁극적 축복을 누리는 길은 하나님과 연합하는 데 있으며, 이런 연합은 인간의 노력으로는 결코 도달할 수 없다는 것도 알고 있다. 오직 하나님만이 각자의 수동적 능력에 맞게 각 영혼에 자신을 전해 주실 수 있다. 수동성과 단순성 없이는 하나님과 결코 연합할 수 없다. 이 연합은 지고의 축복이므로 그리스도와 연합하도록 이끄는 길은 가장 선한 길일 수밖에 없다. 그러므로 그 길로 걸어가는 데 어떤 위험도 있을 수 없다.

이 길은 위험하지 않다. 만약 그렇다면 그리스도가 그 길을 가장 완전하고 가장 필요한 길이라고 말씀하시지 않았을 것이다. 누구나 그 길로 걸어갈 수 있다. 또 누구나 이 지고의 축복을 누리도록 부르심을 받았기 때문에 이 세상에서나 저 세상에서 늘 하나님을 즐거워하도록 부르심을 받고 있다. 하나님을 즐거워하고 누리는 것이 바로 지고의 축복이기 때문이다.

이것은 하나님의 선물이 아니라 하나님 자신을 즐거워하는 것이다. 은사로는 궁극적인 지고의 축복을 얻을 수도 없고, 그 영혼을 온전히 만족시켜 줄 수도 없다. 인간의 영혼은 아무리 풍성한 선물이라고 해도 하나님 자신이 아니라면 온전한 만족을 누릴 수 없도록 지음받았다. 하나님은 우리에게 주신 능력에 따라 자신을 주기를 소원하신다. 그러나 우리는 하나님에게 자신을 완전히 맡기기를 두려워한다. 그분을 소유하기를 두려워하며 거룩한 연합을 위해 준비되는 것을 두려워한다.

자의적으로 이 상태로 몰아붙여서는 안 된다고 말하는 사람들이 있다. 그 말에 전적으로 동의한다. 그러나 또한 누구도 그 상태로 자신을 이끌어 갈 수 없다는 말도 덧붙이고자 한다. 아무리 노력해도 스스로의 힘으로는 하나님과 연합할 수 없다. 오직 하나님만이 그 일을 하실 수 있다.

이 경지에 도달한 척 위장하는 사람들도 있다. 하지만 분명히 말하건대 이 상태는 위장한다고 되는 것이 아니다. 굶주림으로 죽어 가는 사람이 아무리 오랫동안 배부른 것처럼 자신을 속여 봐야 소용없는 것과 마찬가지다. 이 상태에 도달했는지 아닌지는 조만간 밝혀질 것이다.

누군가 데려다 주지 않으면 그 목적지에 아무도 도달할 수

아무리 노력해도 스스로의 힘으로는 하나님과 연합할 수 없다. 오직 하나님만이 그 일을 하실 수 있다.

없기 때문에 우리는 사람들에게 그 길을 소개시켜 주거나, 그 길로 들어서게 할 수 없다. 오직 그 길로 향하는 방법을 알려 주고, 하나님의 명령대로 포기하고 버려야 할 행동을 의지하지 않도록 권고할 뿐이다.

갈증에 시달리는 사람에게 샘을 보여 주면서 샘으로 가지 못하게 그 사람을 묶어 두고 죽어 가도록 방치한다면 얼마나 잔인한 짓인가? 바로 지금 일어나고 있는 일이 이런 일이다. 우리 모두 그 길이 있으며 최종 목적지가 있음을 인정하자. 그 길에는 시작과 진행과 도착 지점이 있다. 도착 지점에 가까이 나아갈수록 우리는 첫 출발점에서 멀어지게 된다. 출발점을 계속 뒤로하고 그 도중에 만나는 모든 길을 차례차례 통과해 앞으로 가지 않으면 최종 목적지에 도착할 수 없다. 이것에 대해서는 이견의 여지가 없을 것이다. 자신의 학식과 재능을 자랑하며 참된 진리를 보지 못하는 장님들이 참으로 많다.

오, 주님, 당신의 비밀을 지혜롭고 슬기 있는 자들에게는 숨기시고 어린아이들에게 나타내셨다는 말씀은 참으로 진실입니다!